A MODERN UKRAINIAN GRAMMAR

by
GEORGE LUCKYJ, M.A.
University of Saskatchewan

and

JAROSLAV B. RUDNYCKYJ, Ph.D.
Free Ukrainian University in Munich

The University of Minnesota Press, Minneapolis
London: Geoffrey Cumberlege. Oxford University Press

Copyright 1949
George Stephen Nestor Luckyj

All rights reserved. No part of this book may be reproduced in any form without the written permission of the publisher, the University of Minnesota Press, Minneapolis.

Lithoprinted from Author's Typescript
EDWARDS BROTHERS, INC.
Lithoprinters
ANN ARBOR, MICHIGAN
1949

P R E F A C E

The purpose of this book is to provide American, Canadian, and English students with a practical introduction to the Ukrainian language. Both authors have attempted to make their work acceptable to all interested in Ukrainian, and not to limit its use to academic purposes only. Throughout the book great attention is paid to learning elementary Ukrainian grammar as well as the idiomatic and everyday speech of the Ukrainians.

At the same time, however, the authors realized that most American and English students interested in Ukrainian might not have the opportunity to visit the Ukraine and come in direct contact with the language as spoken by the people. They may be keenly interested, however, in the literature and history of the Ukraine, and in view of that an attempt has been made to introduce the student to Ukrainian literature and culture by means of the examples and reading texts. Above all great care has been taken to show the student the characteristic features of the Ukrainian language which differs so widely from Western European languages in many respects and yet is very near to them in others, being a branch of the Indo-European language family. Thus the student will find himself discovering on the one hand the treasures of Ukrainian such as the immense wealth of diminutives, synonyms, and poetic images, and on the other hand he will find a similarity between English and Ukrainian in hundreds of everyday phrases and words formed from Indo-European stems.

The method of learning is clear from the composition of lessons and exercises. No hard and fast rules can be laid down as to the importance of the various parts of grammar. Each student will find in time how to grapple with them successfully. It is suggested, however, that the Ukrainian texts in each lesson be studied very carefully and at length, so that the beginner may become thoroughly acquainted with vocabulary and sentence structure. If after working slowly through the unknown depths of the Ukrainian language, the student gains not only a knowledge of the language but also an interest in the people who speak it and in their country, the labors of the authors will be more than rewarded.

G.Luckyj is primarily responsible for the English and J.B.Rudnyckyj for the Ukrainian text. The publication of this book has been made possible by a generous grant from the H u m a n i t i e s R e s e a r c h C o u n c i l o f C a n a d a. The authors are also indebted to President Watson Kirkconnell of Acadia University, Prof. Clarence A.Manning of Columbia University, Prof. C.H. Andrusyshen of the University of Saskatchewan, and Prof. Roman Smal Stocki of Marquette University for their most valuable comments and suggestions.

C O N T E N T S

	Page
Abbreviations	iv
Preface	1
Introduction: Ukrainian Language	I
P a r t O n e: The Alphabet	6
Phonetic Transcription of the Ukrainian Alphabet	8
Pronunciation	
A Note on Ukrainian Grammar	II
P a r t T w o: I.ˣ Noun.Auxiliary Verb(є)	13
2. The Verb бу́ти(to be)	15
3. Gender. The Verb бу́ти (to be) (Past Tense)	16
4. The Verb бу́ти(to be) (Future Tense)	19
5. Hard Declension. "I-sound Change"	20
6. Hard Declension (Locative Singular)	24
7. The Auxiliary Verb ма́ти(to have)Hard Declension (Accusative Singular)	26
8. Use of the Genitive after a Negative."The missing е,о"	27
9. Hard Declension (Dative Singular)	29
10. Hard Declension (Instrumental Singular). The Use of Genitive	32
11. Hard Declension (Recapitulation). Use of the Vocative. Possessive Pron.	35
12. First Conjugation	39
13. Hard Declension (Plural)	41
14. Hard Declension (Plural II)	44
15. Second Conjugation	46
16. Hard Declension (Conclusion)	49
17. Soft Declension (Masculine Nouns)	52
18. Soft Declension (Feminine Nouns).Elision of Consonants	54
19. Soft Declension (Neuter Nouns). The Adjective	56
20. Mixed Declension	59
21. Consonant Declension (Feminine Nouns)	62

ˣ Numbers on the left refer to the lessons.

22. Consonant Declension (Neuter Nouns)		65
23. The Adjective (Hard and Soft). The Past Tense		67
24. The Adjective (Degrees of Comparison)		70
25. The Adjective (Hard and Soft Declension)		74
26. The Adjective (Conclusion)		77
27. Personal Pronouns. Formation of Adverbs		82
28. Reflexive and Possessive Pronouns		86
29. Demonstrative Pronouns		91
30. Pronouns (Conclusion)		94
31. Numerals (Cardinal Numbers)		99
32. Numerals (Ordinals)		103
33. Numerals (Conclusion)		107
34. The Verb (Imperative Mood)		111
35. The Verb (Aspects). The Future Tense		115
36. The Verb (Aspects). Present and Past Participles. The Gerund. Passive Voice		120
37. The Verb (Subjunctive Mood). The Third Conjugation		126
38. The Adverb. The Preposition. The Interjection		131
39. The Conjunction. Ukrainian Syntax		136
P a r t T h r e e : Grammatical Tables (paradigms)		141
Vocabulary		146
Area of Ukrainian Language (map)		185
Index		186

Abbreviations

acc.	accusative		N.	neuter
adj.	adjective		n.	noun
adv.	adverb		nom.	nominative
dat.	dative		p.	person
dim.	diminutive		pass.	passive
F.	feminine		PL(ur)	plural
fut.	future		sg.	singular
gen.	genitive		S.sing.	singular
imp.	imperative		trans.	transitive
inf.	infinitive		voc.	vocative
inst.	instrumental		1	first person
loc.	locative		2	second person
M.	masculine		3	third person

INTRODUCTION

UKRAINIAN LANGUAGE - ITS ORIGIN AND CHARACTERISTICS

Ukrainian is spoken today by over 45 million people. This figure includes, besides the Ukrainians, other nationalities - Russians, Poles, Jews, Germans, and Rumanians, who form about 20% of the total population in the Ukraine and who can speak Ukrainian, as well as those Ukrainians living as emigrants in Europe (200.000), Canada (350.000), the USA (800.000), and South America. Thus, although handicapped by the lack of accurate statistics, we can say that numerically Ukrainian-speaking people are second in the Slav family of nations (after the Russians) and fifth in the whole of Europe (after the Russians, the English, the French, and the Germans).

The territory where the Ukrainian language is spoken (see the map) is 236.000 sq.miles. Outside the frontiers of the Ukraine, settlements where the language is well preserved are in the following parts of the world: Europe (Yugoslavia), Asia (Soviet Asia, especially the so called "Green Ukraine" on the Amur river), North America (Canada, the USA), South America (Argentine, Brazil, Paraguay).

As the immediate neighbors of the Ukrainians are also Slavs, it is sometimes difficult to draw an exact boundary between the Ukrainian and the neighboring language. This is particularly the case on the Ukrainian-Byelorussian and Ukrainian-Slovak lingual frontiers. Very often mixed dialects are spoken in these border regions. The boundaries of the Ukrainian lingual territory are given on the map.

The Ukrainian language is quite separate and independent, though, like other languages, it shows many similarities with the languages spoken in the neighboring countries. This is especially visible in the relation of Ukrainian to other Slavic languages. The following Slavic languages show close ties with Ukrainian: Bulgarian, Serbian, Croatian, Slovak, Polish, Byelorussian and Russian. In order to understand clearly the position of Ukrainian in this group of Slavic languages, it is necessary to know a little more about the division and history of Slavic languages.

In accordance with their geographical position Slavic languages fall into three groups:

1. **E a s t   S l a v i c:** Byelorussian (White Ruthenian), Russian, Ukrainian;
2. **W e s t   S l a v i c:** Czech, Lusatian (Upper and Lower), Slovak, Polish together with Kassubian;
3. **S o u t h   S l a v i c:** Bulgarian, Croatian, Serbian, Slovene.

We do not know the original Proto-Slavic language, out of which all the separate Slavic languages developed, and we do not possess any written works in Proto-Slavic. Philologists agree that the breaking up of this language common to all ancient Slavs (Proto-Slavic) took place sometime before the 6th century as a result of the migration of various Slav tribes from their original homeland which was supposed to have been somewhere between the river Prypyat' and the upper Dnieper.

Old Church Slavic language is nearest to Proto-Slavic. The holy writings which are the copies of the prayer books from the 10th and 11th centuries made from the originals of the Slavic Bible translated by St.Cyril and Methodius from the Greek into a western Bulgarian dialect, are preserved in this Old Church Slavic language. It is thought that St.Cyril's pupil Clement invented a new alphabet taking as a basis the capital letters of the Greek alphabet, and that he named this new alphabet " c y r i l l i c " in honor of his teacher.

Among the countries where this alphabet was used was the Ukraine. Here it was used until the 18th century, when it was reformed into the so-called "h r a z h d a n k a", which is the modern Ukrainian alphabet. Old Church Slavic is still used today in church services by the Russians, Ukrainians, Bulgarians, Byelorussians, Serbs, and partly by the Croats, though its pronunciation is much altered from the original and varies from country to country.

Contemporary Ukrainian has these characteristics which clearly distinguish it from Russian:

1. The "i- sound change" (the interchange of e and o with i in the closed syllable):

UKRAINIAN	RUSSIAN	
віл (vil)	вол (vol)	- ox
піч (pich)	печь (pyech)	- oven

2. The development of the original e to i:

віра (vira)	вера (vyera)	- belief
ріка́ (rika)	река́ (ryeka)	- river

3. The retention of hard consonants before an e:

село́ (selo)	село́ (syelo)	- village
тепе́р (teper)	тепе́рь (tyepyer)	- now

4. The alteration of the Proto-Slavic vowels i and ы:

ри́ба (ryba)	ры́ба (ryba)	- fish
би́ти (byty)	бить (bit')	- to beat

5. The development of the Proto-Slavic (G) to (H):

гора́ (hora)	гора́ (gara)	- mountain
ріг (rih)	рог (rog)	- horn

6. Characteristic groupings of -ри-, -ли-:

гримі́ти (hrymity)	греме́ть (gremyet')	- to thunder
крива́вий (kryvavy)	крова́вый (krovavy)	- bloody

7. The so-called v o c a l i z e d (L) (written as в):

вовк (vouk)	волк (volk)	- wolf
взяв (vzyau)	взял (vzyal)	- he took

There are other characteristics in the stress, formation of words, declensions, syntax, and vocabulary which distinguish Ukrainian from Russian as well as from other Slavic languages.

Ukrainian has also many characteristics which link it with other Slavic languages. It is clear from the geographical position alone that Ukrainian lies in the very center of the Slavic family of languages. This prevents it from being influenced by non-Slavic languages and at the same time preserves it as a genuine heritage in that it is nearest to what may be called the pure Slavic.

Like other languages, Ukrainian has many dialects. We distinguish two principal groups of Ukrainian dialects: N o r t h e r n and S o u t h e r n. The Southern group falls into two more divisions: South-East and South-West. Apart from the dialects, there exists however, a literary or spoken standard Ukrainian used in public offices, schools, literature, press, broadcasting, etc.

The oldest literary language in the Ukraine was the Old Church Slavic which came to the Ukraine from Bulgaria at the time of acceptance of Christianity by Volodymyr the Great of Kiev in 988. This original Church Slavic was greatly modified in pronunciation and orthography, and it became more and more "ukrainized." This modified Church Slavic was the literary language in the Ukraine till the end of the 18th century.

A new era in Ukrainian literature started with the publication of Kotlyarevsky's "Aeneid" in 1789, which was written in the language as spoken by ordinary people. K o t l y a r e v s k y[x] was followed by K v i t k a - O s n o v y a - n e n k o, M e t l y n s k y, H r e b i n k a, K u l i s h, and S h e v c h e n - k o, all of whom (especially the greatest Ukrainian poet Shevchenko) established the standard modern Ukrainian literary language, largely based on the spoken Eastern Ukrainian dialect. Further progress of the literary language was secured by such 19th century writers and poets as M a r k o V o v c h o k, R u d a n - s k y, H l i b o v, S t o r o z h e n k o, S h a s h k e v y c h, F e d k o v y ch, M y r n y, N e c h u y - L e v y t s k y, I v a n F r a n k o, K o t s y u b i n - s k y, L e s y a U k r a i n k a and others.

Due to the ban on printing and writing in Ukrainian in Tsarist Russia in 1876, the center of Ukrainian literary life moved to Lviw in Western Ukraine, then under Austrian rule. Many Ukrainian writers living in Russia printed their works in Lviw. During the period of the ban (1876-1906) the Ukrainian literary language acquired much from Western dialects, but basically it remained unchanged and emerged mature and crystallized after the 1905 revolution. Since 1917 Ukrainian has become the official language in the Soviet Ukraine. A great amount of linguistic research has been done since that time, and today the Ukrainian language has come even more to the foreground of the European scene with the official ad-

---

[x] All Ukrainian names will appear henceforth in the "popular" transliteration. For explanation of this term vid.p.

mission of Soviet Ukraine to the United Nations.

The finest examples of modern Ukrainian literature can be found in the works of S a m c h u k, T y c h y n a, R y l s k y, K h v y l o v y, Y a n o v s k y, A n t o n y c h, M a l a n y u k and others.

Today, inspite of all the difficulties, the Ukrainian language is more alive than ever. It may be used to convey to readers and listeners many different messages, but, as it remains the expression of the whole nation, it must be studied and appreciated objectively as a language, not as a medium of political propaganda.

ПÉРША ЧАСТИ́НА   PART ONE

I. THE ALPHABET

Printed:	Written:	Ukrainian name:	English Transliteration:		Pronunciation:		
			Popular:	Academic:			
А, а	*A a*	ah	a	a	like	a	in father
Б, б	*Б б*	beh	b	b		b	baker
В, в	*В в*	veh	v	v		v	very
Г, г	*Г г*	ha	h	h		h	home
Ґ, ґ	*Ґ ґ*	ghe	g	g		g	good
Д, д	*Д д*	deh	d	d		d	dog
Е, е	*Е е*	eh	e	e		e	set
Є, є	*Є є*	yeh	ye	je		ye	yes
Ж, ж	*Ж ж*	zhe	zh	ž		s	pleasure
З, з	*З з*	zeh	z	z		z	zebra
И, и	*И и*	yh	y	y		y	myth
І, і	*І і*	ee	i	i		ee	see
Ї, ї	*Ї ї*	yee	yi	ji		yee	yeast
Й, й	*Й й*	yi	y	j		y	boy
К, к	*К к*	kah	k	k		k	king
Л, л	*Л л*	el	l	l		ll	all
М, м	*М м*	em	m	m		m	man
Н, н	*Н н*	en	n	n		n	not
О, о	*О о*	o	o	o		o	for
П, п	*П п*	peh	p	p		p	pot
Р, р	*Р р*	er	r	r		r	rat
С, с	*С с*	es	s	s		s	speak

Printed:	Written:	Ukrainian name:	English Transliteration:		Pronunciation:	
			Popular:	Academic:		
Т, т	*T т*	teh	t	t	like t	in tea
У, у	*У у*	oo	u	u	oo	food
Ф, ф	*Ф ф*	ef	f	f	f	fire
Х, х	*Х х*	kha	kh	x	ch	loch
Ц, ц	*Ц ц*	tseh	ts	c	ts	fats
Ч, ч	*Ч ч*	cheh	ch	c	ch	chin
Ш, ш	*Ш ш*	sheh	sh	s	sh	shop
Щ, щ	*Щ щ*	shcheh	shch	sc	shch	fresh cheese
Ю, ю	*Ю ю*	you	yu	ju	u	duke
Я, я	*Я я*	ya	ya	ja	ya	yard
ь	*ь*	yir	shown by an apostrophe (')			

ь has no sound value. It is called "softening sign" as it softens the preceding consonant.

2. How to join letters into words:

село, вулиця, місто, січень, листопад

Exercise

Write out the following words:

ДОРОГА   ГАРНИЙ   ОСІННІЙ

КИЇВ   ОДЕСА   ЛЬВІВ

АМЕРИКА   КАНАДА   АНГЛІЯ

жаль   хмарочка   шістнадцять

3. PHONETIC TRANSCRIPTION OF THE UKRAINIAN ALPHABET

а	a	і	i	т	t
б	b	ї	ji	у	u
в	v or w	й	j	ф	f
г	h	к	k	х	x
ґ	g	л	l or $ł$	ц	ts
д	d	м	m	ч	$tʃ$
е	$ɛ$	н	n	ш	$ʃ$
є	$jɛ$	о	$ɔ$	щ	$ʃtʃ$
ж	$ʒ$	п	p	ю	ju
з	z	р	r	я	ja
и	$ï$	с	s	ь	$[']$

4. PRONUNCIATION

1. Ukrainian has a phonetic alphabet and therefore its pronunciation is simple. Each letter in the Ukrainian alphabet (with few exceptions) represents only o n e sound.

2. V o w e l s:

All Ukrainian vowels are short and open.
There are the following s i m p l e vowels: а, е, и, і, о, у
There are the following s o f t e n i n g vowels: я, є, ї, ю

3. In the following instances the vowels я, є, ю, are always pronounced as diphthongs with й as the first sound. They are, therefore, also called i o t a t e d (i.e. containing the -j- sound).

    a. when they occur as a separate word:

        я ja (I)   є $jɛ$ (is)

    b. at the beginning of a word:

        яма $jama$ (pit)   Євген $jɛvhɛn$ (Eugene)   Юрко $jurkɔ$ (George)

c. after a vowel:

    моя *mɔja* (my)F   твоє *tvɔjɛ* (your)N   свою *svɔju* (own)

d. after the labials:

    п'ять *pjat'* (five)   б'ють *bjut'* (they beat)

    полум'я *pɔtumja* (flame)   свято *svjatɔ* (holiday)

4. After all other consonants я, є, ю, have the sound value of a, e, y, but at the same time t h e y s o f t e n t h e p r e c e d i n g c o n s o n a n t:

    зять *z'at'* (son-in-law)   ляля *lala* (doll)   усюди *us'udi* (every-where)

5. The fourth iotated vowel ї is always pronounced as *ji*. It is used at the beginning of a word, after a vowel, and after an apostrophe:

    їхати *jixati* (to ride)   Україна *ukrajina* (Ukraine)   в'їхав *vjixaw* (he drove in)

6. Apart from я, є, ю, ї, which sometimes appear as diphthongs (see above 3,5), there are the following diphthongs in Ukrainian:

ай		pronounced like	igh	in	high
ей		"	"	ay	"	May
ий	*ij*	-	-	-	-
ій	*ij*	-	-	-	-
ой		pronounced like	oy	in	coy
уй		"	"	ui	"	fluid
йо		"	"	ya	"	yawn

ьо = йо, but it is used after softened consonants, while йо stands at the beginning of a word or after a vowel.

7. C o n s o n a n t s are divided into:

    V o i c e d: б, в, г, ґ, д, ж, з, л, м, н, р

    V o i c e l e s s: п, с, т, ф, х, ц, ч, ш, щ

8. Ukrainian л is pronounced like the English so-called "dark l" (l at the end of words, e.g. in all, kneel). Only л softened by ь or an i is pronounced like the English l in lily.

"dark l": лице *titsɛ* (face)   "soft l": Львів *lviw* (Lviw)

9. Ukrainian р is rolled and is always pronounced with a strong trill.

10. Ukrainian в can have two sound values:
    a.   вода *vɔda* (water)
    b.   взяв *vz'aw* (he took)

11. The following consonants may be softened by the softening sign ь : д, з, л, н, с, т, ц
    мідь *mid'* (copper)   мазь *maz'* (lubricant)
    сіль *sil'* (salt)   тінь *t'in'* (shadow)
вісь *vis'* (axle)   сіть *sit'* (net)   швець *ʃvets'* (shoemaker)

12. For the sake of euphony some consonants are pronounced soft before the softening vowels, sometimes before an i , and also before other consonants.
   e.g.   Сян *s'an* (Sian)   дід *d'id* (old man)
        хліб *χl'ib* (bread)   світ *s'vit* (world)
        волосся *vɔtɔss'a* (hair)   життя *zit't'a* (life)

13. Apostrophe is used after б,в,м,п,ф, and before softening vowels я,є,ю,ї. It indicates that the letters between which it stands must be pronounced distinctly and separately.
   e.g.   п'ять - five   зв'язати - to tie together
        б'є - he beats   м'ясо - meat

14. Й is a consonant, its sound being similar to that of y in day.

15. Ukrainian has two c o m p o u n d c o n s o n a n t s :
дж *dʒ* j in judge : джерело- spring ; дз *dz* ds in words : дзвін- bell
They are pronounced as separate sounds, however, when occurring in compound words: віджив *nd/ʒiw* (he revived)   надзвичайно *nad/zvitʃajnɔ* (exceptionally)

5. A NOTE ON UKRAINIAN GRAMMAR

Ukrainian is a highly inflected language; Ukrainian words, that is, undergo many changes as required by their case, gender, number, tense, person, mood, voice, etc.

In order to make it easier for an English-speaking student to have a clear picture of Ukrainian grammar, the following explanatory list of grammatical terms, some of which are not common in English, is supplied.

1. In Ukrainian there are **n i n e** parts of speech (in English there are eight):

Іменник	Noun
Займенник	Pronoun
Прикметник	Adjective
Прислівник	Adverb
Дієслово	Verb
Прийменник	Preposition
Числівник	Numeral
Сполучник	Conjunction
Вигук	Interjection

2. As in English, the inflections of nouns, pronouns, and adjectives are called **d e c l e n s i o n s** ; the inflection of verbs - **c o n j u g a t i o n**.

3. Ukrainian has no definite or indefinite article.

4. All Ukrainian nouns, pronouns, adjectives, and verbs have each a different gender : either **m a s c u l i n e, f e m i n i n e**, or **n e u t e r**. In most cases the gender of a word can be recognized by the word's ending.

5. All declensions of Ukrainian nouns, pronouns, and adjectives have **s e v e n** cases:

1. Називний	The Nominative
2. Родовий	The Genitive
	(or Possessive)

3. Давальний	The	Dative
4. Знахідний	The	Accusative
5. Кличний	The	Vocative
6. Орудний	The	Instrumental
7. Місцевий	The	Locative

The **nominative** case is that taken by the subject of a sentence or clause. We find the subject by answering the question:

    Who or What? (Хто? Що?)   : брат - brother

The **genitive** case denotes ownership or possession and answers the question beginning with:

    Whose or of what? (Кого? Чого?)   : брата - brother's

The **dative** case denotes the indirect object of the verb and can be discovered by a question beginning with:

    To whom or to what? (Кому? Чому?)   : братові - (to)brother

The **accusative** case denotes that the noun is the direct object of the verb. It answers the question beginning with:

    Whom or what? (Кого? Що?)   : брата - brother (him)

The **vocative** case denotes direct address, calling or exclamation:

    : брате! brother!

The **instrumental** case expresses the means by which something is done and answers the question:

    By whom or with what? (Ким? Чим?)   : братом - (with)brother

The **locative**[*] case indicates the place of an action and answers the question:

    Where? (Де?)   : (в)братові - (in) brother

6. Ukrainian **verbs** have both a **singular** and a **plural** number. They have **three persons** (I, you, he, she, it) in the singular and **three persons** (we, you, they) in the plural. **Verb endings for each person are different.** Ukrainian verbs are inflected like English verbs, by tense, mood, and voice.

---

[*] The locative case is also called the prepositional since it is never used without a preposition.

ДРУ́ГА ЧАСТИ́НА   PART TWO

ПЕ́РША ЛЕ́КЦІЯ   FIRST LESSON

                           Що це є?

Це є рот.	Це є о́ко.	Це є голова́.
Це є зуб.	Це є у́хо.	Це є борода́.
Це є ніс.	Це є рука́.	Це є воло́сся.

1. Every Ukrainian word has a **s t r e s s   a c c e n t**. The Ukrainian accent is movable and often changes its position in the same word (e.g. in the declensions of nouns and conjugations of verbs). It is marked (´) in words of more than one syllable throughout this handbook, but it is never printed in ordinary books. Occasionally a word may be accented in two different ways, both ways being permissible. In such a case both accents are indicated.

2. The auxiliary verb є (is, are) may be omitted. Thus we can say equally well:

                          Що це?

Це рот.	Це о́ко.	Це голова́.
Це зуб.	Це у́хо.	Це борода́.
Це ніс.	Це рука́.	Це воло́сся.

                        Чи це (є)....?

Чи це (є) рот?	— Так, це (є) рот.
Чи це (є) зуб?	— Так, це (є) зуб.
Чи це (є) ніс?	— Так, це (є) ніс.
Чи це (є) о́ко?	— Ні, це не (є) о́ко.
Чи це (є) у́хо?	— Ні, це не (є) у́хо.

Чи це (є) рука́?	Ні, це не (є) рука́.
Чи це (є) голова́?	Ні, це не (є) голова́, це (є) рука́.
Чи це (є) борода́?	Ні, це не (є) борода́, це (є) ніс.
Чи це (є) воло́сся?	Ні, це не (є) воло́сся, це (є) зуб.

3. Ukrainian has no definite or indefinite article.

4. A question in Ukrainian begins usually with **чи** which has no equivalent in English. **Чи** in the middle of a sentence = w h e t h e r, i f.

Це рука́, а це голова́. Це о́ко, а це теж о́ко. Це голова́, це рука́, а що це? Це ніс. Це не воло́сся, це не у́хо, це не зуб, а що це? Це борода́. Ні, це не борода́. Так, так, це борода́. Чи це теж борода́? Ні, це о́ко. А це що? Це воло́сся. Це (є) рука́, а це не (є) рука́. Це (є) у́хо, це теж (є) у́хо, це (є) о́ко, це теж (є) о́ко, а що це (є)? Це не є ані́ голова́, ані́ воло́сся. Це (є) ніс. Це не рука́, це не зуб, це не рот, це не ніс. Це не є ані́ рука́, ані́ зуб, ані́ рот, це ніс.

R e a d i n g   e x e r c i s e.

Very many Ukrainian words are formed from the same Indo-European stems as their English equivalents and are easy to learn:

МА́ТИ   БРАТ   СЕСТРА́   СИН ;   АМЕ́РИКА   А́НГЛІЯ   АРТИ́СТ   БЮРО́
ЕМІГРА́ЦІЯ   ЖИРА́ФА   ІСТО́РІЯ   КЛЯ́СА   ЛЕ́КЦІЯ   ЛІТЕРАТУ́РА   МУ́ЗИКА
ОБ'Є́КТ   ОФІЦЕ́Р   РА́ДІО   СТУДЕ́НТ   ФІЛЬМ   ФО́РМА   ЦИГА́РКА

I d i o m s.

In order to acquaint the student with Ukrainian idiomatic expressions, two of them will be introduced in every lesson. Their English translation is often not literal but also idiomatic. The meanings of the words composing these idioms will be found in the final vocabulary.

| Дя́кую. | Thanks. | Прошу́. | Please. |

V o c a b u l a r y.

| що | what | це | this, these |

є	is, are	борода́	chin, beard
рот	mouth	воло́сся	hair
зуб	tooth	ні	no
ніс	nose	так	yes, so
о́ко	eye	не	not
у́хо	ear	а	and, or, but
рука́	hand, arm	теж	also
голова́	head	а́ні....а́ні	neither....nor

ДРУ́ГА ЛЕ́КЦІЯ   SECOND LESSON

The Verb бу́ти - to be *(Present Tense)*

1. я є	I am	ми є	we are
2. ти є	you are	ви є	you are
3. він (вона́, воно́) є	he (she, it) is	вони́ є	they are

Де хто є?

Я є тут. Ти є там. Він є теж там. Ми є тут, а ви є там. Він є тут і вона́ є тут. Він і вона́ є тут. Вона́ є там і воно́ є там. Ми є вдо́ма. Ви є надво́рі. Ми є вдо́ма, а ви є надво́рі. Ми є вдо́ма й ви є вдо́ма, а вони́ є надво́рі. Він і вона́ є тут, надво́рі. Вона́ й він є там. Де? Вдо́ма. Вони́ є тут і там. Ти тут, я там. Він тут, вона́ й воно́ там. Ми вдо́ма, ви надво́рі. Ти тут? Так, і вона́ тут. Так? Вона́ теж тут? Хто (є) там? Тут я.

1. The conjunction і (and) is used after a word ending in a consonant. After a word ending in a vowel і changes to й: він і вона́ ; вона́ й він

2. The second person singular (ти) is used in conversation within the family circle and with intimate friends; the second person plural (ви) is used in all other circumstances.

Де що є?

Де є рот?	- Рот є тут.
Чи тут є о́ко?	- Так, о́ко є тут.
Чи у́хо є тут?	- Ні, тут не є у́хо, тут є о́ко.
Чи рука́ є теж тут?	- Ні, рука́ не є тут, рука́ є там.

Де є рот і зуби?	- Рот і зуби є тут.
Де рука, а де нога?	- Рука тут, а нога тут.
Де є голова, а де є нога?	- Голова є тут, а нога є там.
Чи волосся є там, де голова?	- Так, волосся є там, де голова.
Чи ніс є там, де нога?	- Ні, ніс не є там де нога, ніс є тут.

Exercise[x]

Translate: I am here, you are there. Are they out(doors)? No, they are not out, they are at home. He and she are here. They are there. Where is the head? The head is here. Are the teeth here? No, the teeth are not here, the teeth are there. Is the mouth here? Yes, the mouth is here. Where is the foot? The foot is here, not there where the hand is.

Idioms.

Вибачте!	Excuse me!	Будьте такі добрі.	Be so kind.

Vocabulary.

де	where	й = і		
хто	who	вдома	at home	
тут	here	надворі	out(doors), outside	
там	there	зуби	teeth	
і	and	нога	leg, foot	

ТРЕТЯ ЛЕКЦІЯ   THIRD LESSON

Gender

The Verb бути - *to be(Past Tense)*

Яке що є?

Ніс малий. Борода мала. Око мале. Голова велика. Яке ухо? Воно коротке. Чи рука теж коротка? Ні, рука не коротка, вона довга. Яка нога? Нога теж довга. Яке волосся? Волосся є або довге, або коротке. Де є рот і який він? Рот є тут, він

---
[x] In many cases for the sake of the idiomatic Ukrainian, correct English has had to be sacrificed.

малий. Який зуб і де він? Зуб білий, він тут. Білий зуб є тут. Довга рука є там. Де коротке волосся, а де довге? Коротке волосся тут, довге там.

1. There are three g e n d e r s in Ukrainian: m a s c u l i n e, f e m i n i n e, and n e u t e r.

2. The g e n d e r of a word is usually recognized by its e n d i n g.

3. Adjectives with stems ending in a hard consonant take the following endings:

    m a s c u l i n e: -ий   e.g. мал**ий**, довг**ий**

    f e m i n i n e: -а   e.g. мал**а**, довг**а**

    n e u t e r: -е   e.g. мал**е**, довг**е**

4. In a sentence the gender of an adjective is always determined by the gender of the noun to which it refers:

    ніс (masc) - малий   ;   голова (fem) - велика

5. The gender of n o u n s can be recognized by the following endings:

    a. Most nouns ending in a c o n s o n a n t are m a s c u l i n e:

        ніс, рот

    b. Nouns ending in -a are f e m i n i n e:

        рука, нога, голова

    c. Nouns ending in -o are n e u t e r. Nouns ending in -я after a d o u b l e c o n s o n a n t are also mostly n e u t e r:

        око, ухо; волосся

6. **Note**: Nouns referring to male persons are always m a s c u l i n e even if ending in -o or -a :   батько - father

Nouns referring to female persons are always f e m i n i n e even if they do not end in -a :   мати - mother

7. The adjective must always agree with the noun or pronoun in n u m b e r, g e n d e r, and c a s e: мала рука, довгий ніс, біле молоко, вона велика.

8. Verb to be (бу́ти) - past tense:

я був, я була́, я було́	I was	ми були́	we were
ти був, ти була́, ти було́	you were	ви були́	you were
він був	he was	вони́ були́	they were
вона́ була́	she was		
воно́ було́	it was		

9. There is only one past tense of бу́ти, and it may mean: I was, I have been, I had been.

10. In the past tense the verb бу́ти may never be omitted:

    ка́ва чо́рна   but: ка́ва була́ чо́рна

    (the coffee is black)   (the coffee was black)

    воло́сся до́вге   but: воло́сся було́ до́вге

    (the hair is long)   (the hair was long)

Яке́ що було́? Яки́й хто був?

Я був мали́й. Яка́ була́ вона́? Вона́ була́ теж мала́. Що це було́? Це було́ молоко́. Яке́ було́ молоко́? Воно́ було́ бі́ле. Яка́ була́ ка́ва? Ка́ва була́ чо́рна. А яка́ вона́ тепе́р? Тепе́р вона́ бі́ла. Воло́сся було́ коро́тке, а тепе́р воно́ до́вге. Чи ви були́ надво́рі? Ні, ми не були́ надво́рі, ми були́ вдо́ма.

Exercise

Translate: The nose is small; the hand is big. The foot is also big. The hair was short, but now it is long. I was little, but now I am big. She was little and is little. Here is the black coffee, there is the white milk. The hair is black and long. The beard was not long. The ear is also not big.

Idioms.

    Що чува́ти?   What's the news?

    Все в поря́дку.   Everything is all right.

Vocabulary.

який (-ка́,-ке́)	what kind of, what	або́		
мали́й (-ла́,-ле́)	little, small	молоко́		milk
вели́кий (-ка,-ке)	big, great	ка́ва		coffee
коро́ткий (-ка,-ке)	short	чо́рний (-на,-не)		black
до́вгий (-га,-ге)	long	тепе́р		now
бі́лий (-ла,-ле)	white			

ЧЕТВЕ́РТА ЛЕ́КЦІЯ   FOURTH LESSON

The Verb бу́ти - *to be (Future Tense)*

бу́ду	I shall be	бу́демо	we shall be
бу́деш	you will be	бу́дете	you will be
бу́де	he (she, it) will be	бу́дуть	they will be

Де хто бу́де?

Де бу́деш уве́чері? Уве́чері бу́ду вдо́ма. А ти? Я бу́ду в теа́трі. Де бу́дете сього́дні? Сього́дні бу́демо в кіноте́атрі. А ви? Ми теж там бу́демо. Чи бу́дете пополу́дні вдо́ма? Ні, пополу́дні ми не бу́демо вдо́ма, бу́демо в мі́сті. Чи ви теж бу́дете там? Ні, ми бу́демо вдо́ма. Чи надво́рі бу́де сього́дні пого́да? Ні, надво́рі є тепе́р него́да й уве́чері бу́де теж него́да. Сього́дні вра́нці й пополу́дні була́ пого́да, а вве́чері него́да. Пого́да бу́де до́вга, него́да бу́де коро́тка.

I. In the f u t u r e   t e n s e the verb бу́ти can be used **without** the personal pronoun (я, ти, він, etc.) as the distinct verb endings make the pronouns unnecessary. Only where it is necessary to emphasize the particular person is the personal pronoun added in front of the verb.

Чи бу́деш в теа́трі?	-	Так, бу́ду в теа́трі.
Бу́дете вве́чері в кіноте́атрі?	-	Ні, вони́ бу́дуть в теа́трі, ми бу́демо вдо́ма.
Чи він був в мі́сті?	-	Ні, вона́ була́ в мі́сті.
Чи він був уве́чері вдо́ма?	-	Ні, він не був удо́ма вве́чері.
Чи бу́дете теж удо́ма?	-	Так, ми бу́демо вдо́ма.

2. The preposition в (in) is used only after words ending in vowels. After words ending in consonants в changes to у :

    вона́ в теа́трі; він у теа́трі   —   вона́ вдо́ма; він удо́ма

Exercise

Translate: I was at home this afternoon. I shall be there tonight. Will you be in the cinema tonight? No, we shall be in the theatre. We shall not be at home. What is the weather like today? In the morning the weather was fine. In the evening the weather will be bad. Will you be in town today? I shall be there this afternoon.

Idioms.

Мені́ (ду́же) при́кро.	I am (very) sorry.
Мені́ одна́ково.	It is all the same to me.

Vocabulary.

уве́чері	in the evening, tonight	пого́да	weather, good weather
в теа́трі	in the theatre	него́да	bad weather
сього́дні	today	вра́нці	early in the morning
в кінотеа́трі	in the cinema	в	in
попо́лудні	in the afternoon	у = в	
в мі́сті	in town		

П'Я́ТА ЛЕ́КЦІЯ   FIFTH LESSON

Hard Declension — Genitive Singular
"I-sound Change"

О́дяг.

Люди́ні тре́ба сурду́та, камізе́льки, крава́тки, по́яса, соро́чки, ху́стки, череви́ка, капелюха́ або́ ша́пки й ху́сточки. О́дяг є з сукна́, полотна́, во́вни або́ баво́вни, з шо́вку й окса́миту. Сурду́т є з сукна́, соро́чка з полотна́, а крава́тка й ху́сточка з шо́вку. Ху́стка є з во́вни або́ з шо́вку. Влі́ті не тре́ба ані капелюха́, а́ні ху́стки.

1. All nouns ending in a hard consonant or a vowel preceded by a hard consonant belong to the h a r d   d e c l e n s i o n.

сурду́т,   ху́стка,   полотно́

2. The g e n i t i v e case of the h a r d   d e c l e n s i o n has the following endings:

m a s c u l i n e: -a,-y,   f e m i n i n e: -и,   n e u t e r: -a,

3. Notice that in the construction with тре́ба the subject is always in the d a t i v e and the object in the g e n i t i v e.

e.g.   люди́ні тре́ба соро́чки   -   a man needs a shirt

Це ніс. Він без но́са. Це вели́кий дім. Вдо́ма тре́ба стола́. Там бу́де вели́кий дім. Люди́ні тре́ба до́му. Був до́вгий ве́чір. Вве́чері бу́де пого́да.

i-sound Change

ні́с - но́са,   ді́м - до́му,   ве́чір - вве́чері

This interchange of i with o or e is a permutation most characteristic of the Ukrainian language, which most clearly distinguishes it from all other Slav languages. For a student to understand fully the working of this law in Ukrainian, he would have to read much more widely in the history of the Ukrainian language. It is unfortunately impossible in the present work to do more than draw the broad outline of these permutations.

In Ukrainian words are divided into syllables on a phonetic basis, and there are as many syllables in a word as there are vowels. Historically, the " i-sound change" can be explained, therefore, as a reduction of the number of syllables in a word. The change of o and e to i occurs only when the original (Proto-Slavic) o or e were followed by a syllable ending with an ъ or ь (which later disappeared).

Thus, for example, the word ніс had originally two open syllables   но - съ (ъ being really a vowel). Later, when ь finally disappeared the word became monosyllabic : ніс (closed syllable ending in a consonant), and o eventually changed to i.

It must be remembered, however, that such vowel changes took place only as a result of the elision of ъ and ь, mostly at the ends of words. Therefore we find many Ukrainian words which have an e or an o in a closed syllable at the beginning of a word (e.g. вес-на́, ро́з-кіш).

The student should observe the following general rules governing these sound changes:

a. An open syllable (ending in a vowel) has o or e.

$$сто-ла́, вве́-че-рі$$

b. A closed syllable (ending in a consonant) has і.

$$стіл, ве́-чір$$

This sound change does not take place in the declension of nouns alone, but also in all inflexions and conjugations as well as in words having a common derivation (with the same stem).

e.g. мій -/мо́-го/ (my)   pronoun   стій - /сто-я́-ти/ (to stand) verb

бра́-тів - /бра́-то-во-го/ (brother's)   віль-ний - /во́-ля/ (free - freedom)
                         adjective   common derivation

M a i n   e x c e p t i o n s :

O or e in an open syllable does not become an і in a closed syllable:

1. When in the course of the declension or conjugation of a word, the o or e is dropped (cf. Lesson 8, para 2).

    nom: хло́-пець (boy)   gen: хло́-пця

    nom: сон (dream)   gen: сна

3 p. Present: ви́-тер (he wiped) 1 p. Future: ви́-тру (I shall wipe)

2. In groups -ор-, -ов-, -ер-, -ро-, -ло-, -ре-, when o or e stand between consonants.

nom	gen	nom	gen
горб (hill)	гор-ба́	кров (blood)	кро́-ви
вовк (wolf)	во́в-ка	кло́ч-чя (floccule)	кло́ч-чя
смерть (death)	сме́р-ти	хрест (cross)	хре-ста́

3. In most groups -оро-, -оло-, -ере-, -еле-.

nom	gen	nom	gen
во́-рог (enemy)	во́-ро-га	бе́-рег (shore)	бе́-ре-га
мо́-лот (hammer)	мо́-ло-та	зе́-лень (verdure)	зе́-ле-ні

4. In words of foreign origin including those from Old Church Slavic.

e.g. Ло́н-дон (London)   Ло́н-до-ну (nom/gen)

то́м (volume)   то́-му

за-ко́н (law)   за-ко́-ну

5. In diminutives ending in -очка, -ечка, -енька, -енка.

e.g. жі́-ноч-ка   до-рі́-жень-ка   ні́-жень-ка
      (little woman)   (little pathway)   (little foot)

I is also kept in open syllables in nouns which drop o or e from their ending in the course of declension.

кі-не́ць (end)   кін-ця́

In many other diminutives i is retained in an open syllable according to a " principle of analogy" or what is really the tendency of the i to keep its position.

Thus: бджі́-лонь-ка   го-лі́-вонь-ка
       (little bee)   (little head)

Exercise

Translate: At home one needs coffee and milk. The coffee is without milk. A man needs clothing. Clothing is made either of wool or of cloth. He is without a hat and without a tie. In summer one needs no hat.

Idioms.

Як вам живе́ться?   How are you?

На мою́ ду́мку.   In my opinion.

Vocabulary.

о́дяг (-у) M	clothing, suit of clothes	сукно́ (-на́) N	cloth
люди́на (-ни) F	human being, man	полотно́ (-на́) N	linen
тре́ба	one needs	во́вна (-ни) F	wool
сурду́т (-а) M	jacket	баво́вна (-ни) F	cotton
камізе́лька (-ки) F	vest	шовк (-у) M	silk
крава́тка (-ки) F	tie	оксами́т (-у) M	velvet
по́яс (-а) M	belt	влі́ті	in summer
соро́чка (-ки) F	shirt	стіл (стола́) M	table
ху́стка (-ки) F	scarf	дім (до́му) M	house
череви́к (-а) M	shoe	ве́чір (-чора) M	evening
капелю́х (-а́) M	hat	без	without
ша́пка (-ки) F	cap	either - or	або́ - або́
ху́сточка (-ки) F	handkerchief	one needs no	не тре́ба

ШО́СТА ЛЕ́КЦІЯ   SIXTH LESSON

Hard Declension - Locative Singular
The Sound Change к——ц, г——з, х——с

Шко́ла.

В мі́сті є шко́ла. У шко́лі є коридо́р, кля́са й конференці́йна за́ля. Телефо́н є на коридо́рі. У кля́сі є стіл, крі́сло, ла́вка, ша́фа й табли́ця. На столі́ є де́нник, каляма́р і перо́. В каляма́рі є чорни́ло. На ла́вці є кни́жка, при ша́фі сто́лик, а на сто́лику кре́йда. У кля́сі була́ ма́па, але́ вона́ тепе́р на коридо́рі. В кля́сі є ще радіо-апара́т, а при вікні́ о́браз.

1. The locative singular of hard nouns has usually the ending -і:

     на столі́,   в кля́сі,   при вікні́

2. In these instances the consonants preceding the final -і are altered in the following manner: К to Ц; Г to З; Х to С

    рука́ - hand   на руці́   on the hand
    ріг - corner   на ро́зі   on the corner
    у́хо - ear   в у́сі   in the ear

3. Some hard nouns, especially masculine ones ending in -к, -г, -х have in the locative singular the ending -у. In such nouns the consonants remain unchanged.

    мох - moss   на мо́ху   on the moss
    сік - juice   у со́ку   in the juice
    сто́лик - stool   на сто́лику on the stool

4. There are a few nouns which in the locative singular can take both endings: -і and -у.

    e.g. степ - steppe   на степі́ or на степу́   in the steppe
          сад - orchard   у саді́ " у саду́   in the orchard
          дах - roof   на дасі́   на даху́   on the roof

Sometimes this double ending influences the stress: мед; у ме́ді; у меду́ - in honey

У каві є молоко, в молоці цукор. У руці книжка. На нозі черевик. Нога без черевика це боса нога. На голові капелюх. Він у шапці, вона в капелюсі. Ми в дорозі. При школі й при театрі широка дорога. При дорозі великий дім. У місті є звичайно школа, театр і кінотеатр.

Exercise

Translate: We are in a classroom. Here is a table, a cupboard, a chair, and a blackboard. The window is in the corridor. The telephone is at the window. The school is in the main street. Near the school is a big house. It is the cinema. Tonight we shall go to the cinema. Will you be there? No, we shall be at home.

Idioms.

Ні сіло, ні впало.	Unexpectedly.
Чого вам (тобі) треба?	What do you want?

Vocabulary.

школа (-ли) F	school	образ (-у) M	picture
коридор (-а) M	corridor	але	but
кляса (-си) F	classroom, class	ріг (рога) M	corner
конференційна заля	staff room, conference room	мох (-у) M	moss
		мед (-у) M	honey
телефон (-у) M	telephone	сік (соку) M	juice
денник (-а) M	school register	степ (-у) M	steppe
каламар (-а) M	inkpot	сад (-у) M	orchard
перо (-ра) N	pen	дах (-у) M	roof
чорнило (-ла) N	ink	цукор (-кру) M	sugar
лавка (-ки) F	desk, bench	босий (-са, -се)	barefooted
при	at, by	широкий (-ка, -ке)	wide
шафа (-фи) F	cupboard	дорога (-ги) F	road, way
столик (-а) M	stool	звичайно	usually
крейда (-ди) F	chalk	театр (-тру) M	theatre
мапа (-пи) F	map	кінотеатр (-тру) M	cinema
книжка (-ки) F	book	крісло (-ла) N	chair
таблиця (-ці) F	blackboard		
ще	also, yet		
радіоапарат (-у) M	radio	main	головний (-на, -не)
вікно (-на) N	window	street	вулиця (-ці) F

СЬÓМА ЛЕ́КЦІЯ   SEVENTH LESSON

The Auxiliary Verb мáти - *to have*
Hard Declension - Accusative Singular

мáю	I have	мáємо	we have
мáєш	you have	мáєте	you have
мáє	he (she, it) has	мáють	they have

Р о д и́ н а.

Бáтько й мáти, дочкá й син, дід і бáба, внук і внýчка це родина. Я мáю брáта, ти мáєш сестрý. Брат мáє си́на, сестрá дочкý. Брат бáтько, сестрá мáти, а я пáрубок. Ми мáємо бáтька, він ужé стари́й. Брат мáє жíнку, вонá ще молодá. Брáтова дочкá малá; вонá мáє ля́льку, пéсика й кóтика. Вонá ще дити́на. Я був теж дити́на, а тепéр я вели́кий, мáю áвто й радіоапарáт.

1. Feminine nouns of hard declension have in the accusative singular the ending -у: сестрý, жíнку

2. The accusative singular of all masculine and neuter nouns denoting inanimate objects has always the same ending as the nominative:

    nom: стіл   acc: стіл
            áвто   áвто

3. The accusative singular of masculine nouns denoting animate objects is always the same as the genitive:

    nom: син   gen & acc: си́на

Answer the following questions:

Що мáєш у тóрбі?   У тóрбі мáю........(book, pen, chalk)

Що там мáєте в шáфі?   В шáфі мáємо.......(clothes, handbag)

Що мáєте при хáті?   При хáті мáємо.....(orchard)

Кого маєш з родини? З родини маю........(father, brother, sister)

Що маєш від батька? Від батька маю......(car, radio)

E x e r c i s e

T r a n s l a t e: I have a book. The book is big. The sister has a child. It is a boy. He was small, but now he is big. The mother is old, the daughter is young. The father is the head of the family. We have a house in town. She has a car. The brother has a radio. The sister has a little dog.

I d i o m s.

В самій середині міста. In the very center of the town.

Дотримати слова. To keep one's word.

V o c a b u l a r y.

мати (маю, маєш)	to have	жінка (-ки)F	woman, wife
батько (-ка) M	father	сестра (-ри) F	sister
мати (-ері)F	mother	молодий (-да,-де)	young
дочка (-ки) F	daughter	братовий (-ва,-ве)	brother's
син (-а) M	son	лялька (-ки) F	doll
брат (-а)M	brother	песик (-а) M	puppy
дід (-а) M	grandfather	котик (-а) M	kitten
баба (-би)F	grandmother	дитина (-ни) F	child
внук (-а)M	grandson	авто (-та) N	car
внучка (-ки)F	granddaughter	торба (-би)F	handbag, bag
родина (-ни) F	family	хата (-ти)F	house
парубок (-бка) M	bachelor	від	from
старий (-ра,-ре)	old	з	out of

ВОСЬМА ЛЕКЦІЯ   EIGHTH LESSON

Use of the Genitive after a Negative

The "missing e, o"

K i т i п е с.

Сестра має кота, я маю пса. Це великий і гарний пес. Він має нашийник а на нашийнику значок. Кіт не має ані нашийника, ані значка, він має стрічку. Стрічка є червона або зелена. Малий песик має теж стрічку. Великий пес не має стрічки. Кіт (є) вдома, пес надворі. Пес не має сна, він стереже хату й садок. Кіт не стереже́ ані ха́ти ані садка́. В шко́лі нема́є ані кота́ ані пса.

Украї́нський пес ма́є звича́йно на́зву: Лиско́ або́ Бровко́, кіт - Мурли́ка.

1. After negation the direct object is expressed in the genitive not in the accusative case:

      ма́ю сестру́   (acc) - I have a sister

      не ма́ю сестри́ (gen) - I have no sister

2. The vowels e and o which appear only in the nominative of a word and are dropped from all other cases are called "m i s s i n g e and o."

    Such an e or o , found always between two consonants, does not change into an i (cf. Lesson 5, Par. 4)

A. m i s s i n g e,o		B. e,o - result of "i-sound change"	
пес	пса	ве́чір	вве́чері
сон	сна	ніс	но́са

Чи дити́на ма́є молоко́?	- Ні, дити́на не ма́є молока́.
Чи вдо́ма є молоко́?	- Ні, вдо́ма нема́є молока́.
Чи ма́єте кни́жку?	- Ні, не ма́ємо кни́жки.
Чи в ша́фі є кни́жка?	- Ні, в ша́фі нема́є кни́жки.
Чи брат ма́є крава́тку?	- Ні, брат не ма́є крава́тки.
Чи надво́рі є пес?	- Ні, надво́рі нема́є пса, він удо́ма.
Я ма́ю до́вгий сон.	- Ба́тько не ма́є сна.
Ви ма́єте ха́ту й садо́к.	- Ми не ма́ємо ані ха́ти ані садка́.
Ми ма́ємо діно́к на лі́то.	- Ви не ма́єте дімка́.

Note: не ма́є - has not; нема́є - there is not; нема́ = нема́є

3. Unlike English, Ukrainian uses double negation:

        не ма́ю нічо́го   I have not anything

Exercise

T r a n s l a t e: I have neither a car nor a radio. The father has no cap; he has a hat. The little sister has a doll. Is there any milk today? We have a dog. They have a cat. The little house is in the little orchard. In the summer we were in this house. It is a summer house.

I d i o m s.

Ходи́ти ко́ло ко́го.	To look after somebody.
Ста́ти в пригоді.	To come in handy.

V o c a b u l a r y.

кіт (кота́) M	cat	садо́к (-дка́) M	a little orchard
пес (пса) M	dog	украї́нський (-ка,-ке)	Ukrainian
га́рний (-на,-не)	beautiful	нема́є	there is not
наши́йник (-а) M	dog's collar	нема́ = нема́є	
значо́к (-чка́) M	disc	на́зва (-ви) F	name
стрі́чка (-ки) F	ribbon	до́мо́к на лі́то	summer house
черво́ний (-на,-не)	red	Лиско́ (-ка́) M	Lysko
зеле́ний (-на,-не)	green	Бровко́ (-ка́) M	Brovko
сон (сна) M	sleep, dream	Мурли́ка (-ки) M	Murlyka
стереже́	is guarding	today	сього́дні

ДЕВ'Я́ТА ЛЕ́КЦІЯ   NINTH LESSON

Hard Declension – Dative Singular
The Use of Genitive (Direct Object)

даю́	I give	даємо́	we give
дає́ш	you give	дає́те	you give
дає́	he (she, it) gives	даю́ть	they give

Д о м а́ ш н і   з в і р я́ т а.

Віл і коро́ва, кінь і коби́ла, цап і коза́, пі́вень і ку́рка, лоша́тко й теля́тко це дома́шні звіря́та. Воло́ві й коро́ві, ца́пові й козі́ даємо́ трави́ або́ сі́на. Ку́рці тре́ба зе́рна. Лоша́тку й теля́тку тре́ба молока́. Кото́ві й кі́тці даю́ть звича́йно теж молока́. Псо́ві тре́ба м'я́са. Го́лубові й голу́бці тре́ба зе́рна. Трава́, сі́но, зе́рно, молоко́ й м'я́со це пожи́ва. Твари́ні́ тре́ба пожи́ви й питва́. Пожи́ви й питва́ тре́ба не тільки твари́ні але́ й люди́ні.

<u>Note</u>: Third person plural is also used impersonally. Here: даю́ть one gives.

I. The dative of hard nouns has the following endings:
    m a s c u l i n e: -ові : ба́тькові, бра́тові, ді́дові
    f e m i n i n e: -і : ку́рці, кі́тці, голу́бці
    n e u t e r: -у : вікну́, лоша́тку, теля́тку

2. The feminine ending -і changes the preceding consonants к,г,х, to ц,з,с, (similarly as in the locative case, cf. Lesson 6).

    <u>nom</u>: нога́   <u>dat</u>: нозі́   <u>loc</u>: на нозі́
          му́ха   му́сі   на му́сі
          рука́   руці́   на руці́

              P r o v e r b s

Котю́зі по заслу́зі.   Кра́ще горобе́ць у руці́, як го́луб на даcі́.

3. After certain verbs the direct object is expressed in the genitive instead of the accusative. This construction is used when

    a. the action refers only to a part of the object:
        даю́ води́   I give a little (a glass of) water
        даю́ во́ду   I give (a full bucket of) water
        даю́ хлі́ба   I give a little (a slice of) bread
        даю́ хлі́б   I give (a whole loaf of) bread

    b. the action refers to a short period of time:
        даю́ кни́жки   I give a book (only for a short time)
        даю́ кни́жку   I give a book (for a longer time)
        даю́ пера́   I give the pen (for a short time)
        даю́ перо́   I give the pen (for a longer time)

4. Also in ordinary sentences the direct object often takes the genitive case:

    Бра́тові тре́ба кни́жки?   Сестра́ дає́ бра́тові кни́жку.

Сестрі треба пера?	Брат дає сестрі перо.
Батькові треба на хвилинку книжки?	Сестра дає батькові книжки.
Дідові треба на хвилинку пера?	Брат дає дідові пера.
Дитині треба молока?	Мати дає дитині молока.
Даєш волові сіна?	Ні, він має досить трави.
Даєш псові м'яса?	Ні, він уже має досить м'яса.

Exercise

Translate: The brother needs the book. The grandmother gives the book to the grandson. The cat needs milk. Mother pours milk into father's coffee. The sister gives milk to the cat. What do you give to the cow? A cow needs grass. Now it is winter. There is no grass. The dog needs meat. The father gives meat to the dog. A hen needs grain.

Idioms.

У нього добре серце.	He has a good heart.
Під рукою.	At hand.

Vocabulary.

давати (даю, даєш)	to give	зерно (-на) N	grain, feed
домашні звірята PL	domestic animals	м'ясо (-са) N	meat
віл (вола) M	ox	кітка (-ки) F	cat (fem)
корова (-ви) F	cow	голуб (-а) M	cock pigeon
кінь (коня) M	horse	голубка (-ки) F	pigeon
кобила (-ли) F	mare	пожива (-ви) F	nourishment, food
цап (-а) M	he-goat	питво (-ва) N	drink
коза (-зи) F	she-goat	тварина (-ни) F	animal
півень (півня) M	cock	не тільки	not only
курка (-ки) F	hen	котюга (-ги) F	big cat
лошатко (-ка) N	foal, colt	як	than, how
телятко (-ка) N	calf	муха (-хи) F	fly
заслуга (-ги) F	merit	хліб (-ба) M	bread
краще	better	на хвилинку	for a moment
по	according to, after	уже	already
горобець (-бця) M	sparrow	досить	enough
трава (-ви) F	grass		
сіно (-на) N	hay		

ДЕСЯ́ТА ЛЕ́КЦІЯ   TENTH LESSON

Hard Declension - Instrumental Singular
The Use of y + Genitive + є to express Possession

працю́ю	I work	працю́ємо	we work
працю́єш	you work	працю́єте	you work
працю́є	he (she, it) works	працю́ють	they work

Р е м е с л о́.

Кова́ль працю́є мо́лотом, слю́сар пи́льником. Краве́ць і лима́р працю́ють го́лкою і ни́ткою. Шве́ць працю́є ши́лом. Столя́р і бо́ндар працю́ють соки́рою й пило́ю. Скляр працю́є дія́ма́нтом, гарба́р но́жиком. Чим працю́ють: переплетник, тапе́тник, капелю́шник, сідля́р? Вони́ працю́ють теж го́лкою і ни́ткою. Ра́діо- й електроте́хнік працю́є ви́круткою. У ко́жного ремісника́ є відпові́дне знаря́ддя.

П р и́ п о в і д к а.   У ремісника́ золота́ рука́.

1. The instrumental singular of hard nouns has the following endings:
   m a s c u l i n e   a n d   n e u t e r: -ом ; мо́лот__ом__, ши́л__ом__
   f e m i n i n e: -ою ; рук__о́ю__, ног__о́ю__

2. The instrumental is used to express the means (instrument) of an action. Contrary to English usage it needs no preposition (with, by).
   e.g. Кова́ль працю́є мо́лотом, а слю́сар пи́льником.

3. With the help of the instrumental we can also convey the sense of:
   a. p l a c e: ї́хати (to ride, to drive) лі́сом - in the wood
                                                доро́гою - on the road
   b. t i m e: весно́ю   - in spring
                       ра́нком   - in the morning

ве́чором — in the evening

c. m a n n e r: ку́пою — in a heap рядо́м — in a row

4. Some nouns in the instrumental case have changed into independent adverbs:

ча́сом /fr. час/ - sometimes; верхо́м /fr. верх/ - on horseback; слідко́м /fr. слід/ - on the track

Similarly: ни́шком - secretly; ти́шком - quietly; тудо́ю - this way; кудо́ю - where

5. The preposition y (or в) governs:

    a. the locative, where it is the equivalent of the English in :

        у шко́лі - in school   в до́мі - in the home

    b. the accusative, where it is the equivalent of the English into:

        в шко́лу - into the school   у дім - into the house

    c. the genitive, where it is the equivalent of the English at+gen:

        у ба́тька - at father's

    d. the genitive + the third person (of any tense) of the verb бу́ти to express possession by a kind of paraphrase:

        у ба́тька є вели́кий пес — father has a big dog

        у сестри́ є мала́ кі́тка — sister has a little cat

In such a construction є may be omitted. Notice also that the noun which comes after this construction (the object) is in the nominative.

6. The preposition з governs:

    a. the genitive, where it is the equivalent of the English out of:

        з сукна́ - out of cloth   з полотна́ - out of linen

    b. the instrumental, where it is the equivalent of the English with, together with: з ба́тьком - (together) with father

7. Із or зо is used sometimes instead of з; mostly before words beginning with two consonants: із скляра́,   зо сто́лярем

Де ви були вчора ввечері з батьком?	— Ми були з батьком у місті.
Чи мати була вдома?	— Так, мати була з сестрою вдома.
З ким ви були в театрі?	— Ми були там з директором і директоровою.
Де (є) брат?	— Брат у школі. У брата тепер іспит.
Де ви були з сестрою?	— Ми були з сестрою в садку.
Чи в сестри була голка й нитка?	— Ні, в сестри не було ані голки ані нитки.
Що було в сестри?	— В сестри була книжка.
Куди ви?	— Я в хату, в хаті нема зимна.

Я був автом уже в Києві, в Одесі й у Львові. Зо Львова до Києва далека дорога. З батьком і сестрою я був на Криму. Із Криму маю гарну картину. Чи ви були вже в Оттаві? Ні, ми були в Нью-Йорку. Поїздом чи автом? Поїздом.

Exercise

Translate: The father had a small car; now he has a big one (car). We were in New York with father. We were there in winter. Now the father is in Lviw together with the sister. I have a beautiful picture of New York. I shall be there in summer with the brother.

Idioms.

Давно б час.	It is high time.
В сам час.	Just in time.

Vocabulary.

працювати (-юю, -юєш)	to work	голка (-ки) F	needle
ремесло (-ла) N	(handi)craft, trade	нитка (-ки) F	thread
коваль (-ля) M	blacksmith	столяр (-а) M	carpenter
молот (-а) M	hammer	бондар (-а) M	cooper
слюсар (-а) M	locksmith	сокира (-ри) F	axe
швець (шевця) M	shoemaker	пила (-ли) F	saw
пильник (-а) M	file	скляр (-а) M	glazier
шило (-ла) N	awl	діямант (-а) M	diamond
кравець (-вця) M	tailor	гарбар (-а) M	tanner
лимар (-я) M	saddler, harness maker	чим	what with

ножик (-а)М	little knife	із з	
переплетник (-а)М	bookbinder	зо з	
тапетник (-а)М	upholsterer	директор (-а)М	director
капелюшник (-а)М	hatter	директорова (-вої)F	director's wife
сідляр (-а)М	saddler	вчора	yesterday
радіотехнік (-а)М	radio mechanic	іспит (-у)М	examination
електротехнік (-а)М	electrician	зимно (-на)N	cold (n)
викрутка (-ки)F	screwdriver	куди	which way
у кожного	everybody has	куди ви?	where are you going?
ремісник (-а)М	craftsman, artisan	Київ (Києва)М	Kiev
відповідний (-на,-не)	corresponding	Одеса (-си)F	Odessa
знаряддя (-дя)N	tools	Львів (Львова)М	Lviw
приповідка (-ки)F	proverb	до	till, to
золотий (-та,-те)	golden	Крим (-у)М	Crimea
їхати (їду,їдеш)	to ride, to drive	далекий (-ка,-ке)	distant, long
ліс (-а)М	wood, forest	гарну (асс)	a beautiful
весна (-ни)F	spring	картина (-ни)F	picture
ранок (ранку)М	morning	Оттава (-ви)F	Ottawa
купа (-пи)F	heap, crowd	Нью-Йорк (-ку)М	New York
ряд (-у)М	row	слідком	on the heels of one, on track
часом	sometimes	слідок (-дка)М	track, trail
час (-у)М	time	нишком	stealthily, secretly
верхом	on horseback	тишком	quietly
верх (-а)М	top	тудою	this way
з	with, from	кудою	which way
		поїзд (-у)М	train

ОДИНАДЦЯТА ЛЕКЦІЯ   ELEVENTH LESSON

Hard Declension - Recapitulation

Use of the Vocative

Possessive Pronouns

H A R D   D E C L E N S I O N - S I N G U L A R

R e v i e w :

A. Masculine nouns referring to inanimate objects are declined

like	nom. ніс	or like	дім	or like	дімок
	gen. носа		дому		дімка
	dat. носові		домові		дімкові
	acc. ніс		дім		дімок
	voc. носе		доме		дімку
	inst. носом		домом		дімком
	loc. (в) носі		(в) домі		(в) дімку

B. All neuter nouns are declined like

nom.	ши́ло	or like	лоша́тко
gen.	ши́ла		лоша́тка
dat.	ши́лу		лоша́тку
acc.	ши́ло		лоша́тко
voc.	ши́ло		лоша́тко
inst.	ши́лом		лоша́тком
loc.	(в) ши́лі		(в) лоша́тку

C. Masculine nouns referring to persons are declined

like nom.	син	or like	ба́тько
gen.	си́на		ба́тька
dat.	си́нові		ба́тькові
acc.	си́на		ба́тька
voc.	си́ну		ба́тьку
inst.	си́ном		ба́тьком
loc.	(в) си́ні (-ові)		(в) ба́тьку (-ові)

D. Masculine nouns referring to animals are declined like

nom.	пес
gen.	пса
dat.	псо́ві
acc.	пса
voc.	псе
inst.	псом
loc.	(в) псі

E. Feminine nouns are declined

like nom.	сестра́	or like	рука́	or like	му́ха
gen.	сестри́		руки́		му́хи
dat.	сестрі́		руці́		му́сі
acc.	сестру́		ру́ку		му́ху
voc.	се́стро		руко́		му́хо
inst.	сестро́ю		руко́ю		му́хою
loc.	(в) сестрі́		(в) руці́		(в) му́сі

Note: The locative is always preceded by a preposition.

In the locative case of nouns referring to persons there is a tendency in the present development of the Ukrainian language to replace the endings -і,-у by the ending of the dative -ові.

I. In the vocative, before the ending -е

к changes to ч : козáк - козáче! пáрубок - пáрубче!

г changes to ж : бог - бóже! вóрог - вóроже!

х changes to ш : дух - дýше! горóх - горóше!

2. The ending -у is prevalent in the nouns ending in -к,-г,-х.

жебрáк - жебрáку! бéрег - бéрегу! дах - дахý!

Note that before -у - к,г,х do not change to ч,ж,ш.

3. The vocative of the following masculine nouns also ends in -у:

син - сúну! бáтько - бáтьку! дід - дíду!

4. P o s s e s s i v e   p r o n o u n:
m a s c u l i n e: мій - my твій - your наш - our ваш - your
                                    (thy)
f e m i n i n e: моя́   твоя́   нáша   вáша
n e u t e r: моє́   твоє́   нáше   вáше

Р о з м ó в а.

Добрúдень, Степáне!	- Гарáзд, Юрку!
Кудú ти так скóро?	- В мíсто.
Чомý ти не був учóра в шкóлі?	- Я був учóра хóрий.
А,так! Чи пополýдні теж?	- Ні, пополýдні вже не булó гарячки й я був у садкý з сестрóю.
Твоя́ сестрá здорóва?	- Дя́кую, здорóва. Алé менí час в дорóгу.
То, до побáчення, Степáне!	- Дай, Бóже, здорóв'я; до побáчення.
Привíт сестрí!	- Дя́кую, всьогó крáщого.

У к р а ї н с ь к і   п о з д о р ó в л е н н я.

Моє́ поважáння Пáнству!   Поважáння, Пáне Дирéкторе!

Добре полудне!   Дай, Боже, здоров'я!

Добрий вечір! Сестро!   Добре здоров'я! Брате!

Добраніч! Пане професоре!   До побачення, панно Любо!

Здоров будь!   Здорові будьте!

Дай, Боже, щастя, куме!   Дякую, дай, Боже, й вам!

Слава Ісусу Христу!   Слава на віки!

Exercise

Decline: брат, баба, дочка, внук, внучка, хата, око, вікно, молоко.

Idioms.

Як маєшся (маєтеся)?	How are you?
Поза очі.	Behind one's back.

Vocabulary.

козак (-а) M	cossack	то	so, then
Бог (-а) M	God	до побачення	au revoir, see you later
ворог (-а) M	enemy		
дух (-а) M	spirit, ghost	здоров'я (-в'я) N	health
горох (-у) M	pea	дай Боже здоров'я	may God give you good health
жебрак (-а) M	beggar		
беріг (-рега) M	bank, shore	привіт (-у) M	greeting
розмова (-ви) F	conversation	здоровий (-ва,-ве)	healthy, fit
добридень!	good morning!	а	oh
Степан (-а) M	Stephen	дякувати (-ую,-уєш)	to thank
гаразд!	how do you do	мій (моя, моє)	my
Юрко (-а) M	George	твій (твоя, твоє)	your (thy)
скоро	quickly	наш (наша, наше)	our
щастя (-тя) N	good luck, fortune	ваш (ваша, ваше)	your
дай Боже щастя	God give you good fortune	поздоровлення (-ня) N	greetings
		поважання (-ня) N	regards
кум (-а) M	godfather	панство (-ва) N	Mr. & Mrs.
вам (dat)	you	пан (-а) M	Mr., gentleman
слава (-ви) F	glory, fame	професор (-а) M	professor
Ісус Христос M	Jesus Christ	добрий (-ра,-ре)	good
на віки	for ever	полудне (-дня) N	midday, south
чому	why	добраніч!	good night
хорий (-ра,-ре)	ill	всього кращого!	all the best
гарячка (-ки) F	fever, temperature	панна (-ни) F	miss
мені (dat)	(to) me	Люба (-би) F	Luba
мені час у дорогу	it is time for me to go	будь (imp.fr. бути) S	be
		будьте (imp.fr. бути) PL	be

ДВАНА́ДЦЯТА ЛЕ́КЦІЯ   TWELFTH LESSON

First Conjugation

У ві́йську.

Мій знайо́мий, Іван Романе́нко, здоро́вий юна́к. Він тепе́р вступа́є доброві́льно до ві́йська. Тут він діста́є військо́вий о́дяг, наплє́чник, ґвинті́вку, багне́т, ї́ду́нку, протиґа́з і лопа́тку. Воя́к іде́ щодня́ на му́штру. Він вправля́є впо́ряд, розві́дує те́рен, копа́є рови́, стріля́є з ґвинті́вки, наклада́є протиґа́з, напада́є на во́рога й кида́є ґрана́тою. Ко́жний воя́к гото́вий до війни́. За до́бре ді́ло даю́ть воя́кові похва́лу або́ відзна́чення, за зле дога́ну або́ ка́ру.

I. All verbs ending in the 2nd person singular (present tense) in -еш or -єш and in the 3rd person plural (present tense) in -уть or -ють belong to the first or the so called E-c o n j u g a t i o n. They are conjugated in the following manner:

	sing.	pl.	sing.	pl.
1st person	-у	-емо	-ю	-ємо
2nd person	-еш	-ете	-єш	-єте
3rd person	-е	-уть	-є	-ють

e.g.
іду́   I go   знаю́   I know
іде́ш   you go   зна́єш   you know
іде́   he (she,it) goes   зна́є   he (she,it) knows
ідемо́ we go   зна́ємо we know
ідете́ you go   зна́єте you know
іду́ть they go   зна́ють they know

2. Some verbs can be used r e f l e x i v e l y (expressing an action which is performed by the subject). They are conjugated normally but have an added -ся in all persons.

Observe the difference: одяга́ти-to dress   одяга́тися-to dress oneself, to get dressed

Conjugation:

мию	I wash	миюся	I wash myself
миєш	you wash	миєшся	you wash yourself
миє	he (she, it) washes	миється	he (she, it) washes himself (herself, itself)
миємо	we wash	миємося	we wash ourselves
миєте	you wash	миєтеся	you wash yourselves
миють	they wash	миються	they wash themselves

3. The reflexive verbs of the first conjugation have in the 3rd person singular а ть before the added -ся . Therefore: миється

4. Sometimes the 3rd person singular of the reflexive form conveys an impersonal meaning: стається - it becomes

Вранці встаємо з ліжка, миємося в воді й обтираємося рушником. Опісля одягаємося. Я миюся щодня вранці й увечері, ти вранці миєшся, а ввечері купаєшся. Мати купає дитину. Батько й брат купаються вліті в річці. Сестра купається вдома.

Exercise

Conjugate: іду з військом на війну; накладаю протигаз; копаю рів; стріляю з ґвинтівки; нападаю на ворога.

Idioms.

Це зробиться.	It will be done.
Вернутися ні з чим	To come back with nothing.

Vocabulary.

військо (-ка) N	army, armed forces	багнет (-а) M	bayonet
знайомий (-ма, -ме)	acquaintance, friend	протигаз (-а) M	gasmask
Іван (-а) M	Ivan	їдунка (-ки) F	messtin
Романенко (-ка) M	Romanenko	лопатка (-ки) F	shovel
юнак (-а) M	young man	вояк (-а) M	soldier
добровільно	voluntarily	іти (іду, ідеш)	to go
вступати (-аю, -аєш)	to join,	щодня	every day
діставати (-таю, -таєш)	to get	муштра (-ри) F	drill (parade)
військовий (-ва, -ве)	military	вправляти (-яю, -яєш)	to train, to practise
наплечник (-а) M	big pack	впоряд (-у) M	parade
ґвинтівка (-ки) F	rifle	розвідувати (-дую, -дуєш)	to reconnoitre

копа́ти (-а́ю,-а́єш)	to dig	ка́ра (-ри) F	punishment
тере́н (-у) M	terrain, field	зна́ти (--а́ю,-а́єш)	to know
рів (ро́ва) M	ditch	ми́ти (-ю,-єш)	to wash
стріля́ти (-я́ю,-я́єш)	to shoot	ми́тися (-юся,-єшся)	to wash oneself
накла́да́ти (-а́ю,-а́єш)	to put on	встава́ти (встаю́,встає́ш)	to get up
напада́ти (-а́ю,-а́єш)	to attack	лі́жко (-а) N	bed
ки́дати (-аю,-аєш)	to throw	вода́ (-ди́) F	water
ґрана́та (-ти) F	grenade	обтира́тися (-а́юся,-а́єшся)	to dry oneself
ко́жний (-на,-не)	every	рушни́к (-а́) M	towel
гото́вий (-ва,-ве)	ready	опі́сля	afterwards
війна́ (-ни́) F	war	одяга́ти (-а́ю,-а́єш)	to dress (somebody)
ді́ло (-а) N	action	одяга́тися (-а́юся,-а́єшся)	to get dressed
похвала́ (-ли́) F	praise	купа́ти (-а́ю,-а́єш)	to give a bath
відзна́чення (-ня) N	distinction	купа́тися (-а́юся,-а́єшся)	to bathe
злий (зла,зле)	bad	рі́чка (-ки) F	river
дога́на (-ни) F	reprimand	ста́тися (стаю́ся,стає́шся)	to become

ТРИНА́ДЦЯТА ЛЕ́КЦІЯ   THIRTEENTH LESSON

Hard Declension — Plural (I)

В м і́ с т і.

В мі́сті вели́кий рух. Тут увиха́ються поїзди́, вози́, ху́ри, візки́, коле́са, а́вта й мотоцикле́ти. В мі́сті бага́то дорі́г, дорі́жок, майда́нів, база́рів і па́рків, а ма́ло дере́в, садкі́в і огоро́дів. Тут рі́зні шко́ли, уря́ди, фабри́ки й устано́ви. Доми́ в мі́сті ма́ють бага́то по́верхів і ві́кон. В мі́сті зустріча́ється робітникі́в, ремісникі́в, уря́дників, студе́нтів і професорі́в. Мі́сто зокре́ма га́рне вве́чері: воно́ ма́є бага́то світе́л, ви́став і рекля́м.

1. N o m i n a t i v e :   a. Hard masculine and feminine nouns have in the nominative plural the ending -и: вози́, устано́ви

   b. Hard neuter nouns have in the nominative plural the ending -а: ві́кна

2. G e n i t i v e : a. Hard masculine nouns have in the genitive plural the ending -ів: возі́в

   b. In the genitive plural hard feminine and neuter nouns consist of stems only (without added endings): устано́в, міст

   c. In most nouns there is also a change of the final o or e to an i (cf. Lesson 5 - "i-sound change").

d. When the stem ends in two or more consonants, an o or an e is put in between for the sake of euphony: доріжо́к, світе́л

3. **A c c u s a t i v e**: a. All masculine nouns referring to animals and inanimate objects, and all feminine and neuter nouns have the accusative plural the same as the nominative plural: пси, доми́, доро́ги, ві́кна

b. All masculine nouns, however, which refer to persons, have the accusative plural the same as the genitive: сині́в
батькі́в

4. **V o c a t i v e**: In all masculine, feminine, and neuter nouns the vocative plural takes the same form as the nominative plural:

сини́! се́стри! лоша́тка!

5. **S t r e s s**: Notice the difference of stress in some feminine and neuter nouns between the genitive singular form and the nominative (or the accusative) plural form:

Іду́ з села́.	Ідемо́ на се́ла.
Іду́ з мі́ста.	Ідемо́ в міста́.
Сестри́ нема́є вдо́ма.	Се́стри в мі́сті.
Дочки́ не було́ в шко́лі.	До́чки гра́ються в па́рку.
Він не ма́є ха́ти.	В селі́ є хати́.
Тут нема́є дорі́жки.	Е па́рку є доріжки́.
Бра́тові тре́ба ша́пки.	На виста́ві є шапки́.
На ла́вці нема́є кни́жки.	Книжки́ є в ша́фі.
На коридо́рі нема́є ла́вки.	Лавки́ є в кля́сі.

6. When the stress is on the end of the noun in the genitive singular then for the nominative or accusative plural it usually falls on the first syllable:

руки́	hand's	ру́ки	hands
голови́	head's	го́лови	heads
вікна́	window's	ві́кна	windows

7. When the stress is on the last but one syllable of a noun in the genitive singular, in the nominative or accusative plural it falls on the last syllable:

кни́жки - book's   книжки́ - books

лі́жка - bed's   ліжка́ - beds

8. There are, however, some words in the declension of which the stress remains unchanged. In such cases stress is no aid to recognition of the number which can only be gathered from the context.

e.g. доро́ги - road's   доро́ги - roads   ;му́хи - fly's   му́хи - flies

Exercise

Translate: In the village (country) there are (є) cows, oxen, goats, hens, and pigeons. Here there are many trees, vegetable gardens, orchards, but few cars, motorcycles or bicycles. From the village many roads and paths lead (go) to town. Brothers and sisters, were you ever in the country?

Put all nouns in the following sentences into the plural:

Сестра́ ми́ється. Ба́тько й син купа́ються. Дід ма́є бо́роду. Брат ма́є а́вто й радіоапара́т. Я ма́ю пса, ти ма́єш кота́. Переплі́тник працю́є вдо́ма. Радіоте́хнік працю́є вдо́ма й надво́рі. Воя́к дістає́ наплі́чник, ґвинті́вку, багне́т і ї́дунку. Юна́че! Чи ти був вже в мі́сті?

Idioms.

Пуска́ти в рух.   To set in motion.
З рук до рук.   From hand to hand.

Vocabulary.

рух (-у) M	traffic	дорі́жка (-ки) F	gravel path
увиха́тися (-а́юся, -а́єшся)	to move quickly	майда́н (-у) M	public square
хýра (-ри) F	cart	база́р (-у) M	market, stores
віз (во́за) M	horse drawn cart	парк (-у) M	park
візо́к (-зка́) M	cart	ма́ло	(a) little
ко́лесо (-са) N	bicycle	де́рево (-ва) N	tree
мотоцикле́та (-ти) F	motorcycle	огоро́д (-а) N	vegetable garden
бага́то	much, many	рі́зні PL	different, various

уря́д (-у) M	office		зокре́ма	especially
фа́брика (-ки) F	factory		сві́тло (-а) N	light
устано́ва (-ви) F	institution		виста́ва (-ви) F	window, exhibition
по́верх (-а) M	floor, storey		рекля́ма (-ми) F	advertisement, illuminated sign
зустріча́ти (-а́ю,-а́єш)	to meet		село́ (-ла́) N	village, country
робі́тник (-а́) M	worker		гра́тися (-юся,-єшся)	to play
уря́дник (-а) M	clerk			
студе́нт (-а) M	student			

ЧОТИРНА́ДЦЯТА ЛЕ́КЦІЯ   FOURTEENTH LESSON

Hard Declension - Plural (II)

П о ж и́ в а   й   н а п и́ т к и .

Хлі́б, горо́дина, садовина́, м'я́со й стра́ви це лю́дська пожи́ва. Хлі́б, горо́дину й садовину́ трима́ють у мішка́х і ко́шиках. Стра́ви й садовину́ подаю́ть на стіл у миска́х і полу́мисках, кладу́ть на тарі́лки. Вино́ й пи́во є в бочка́х, горі́лка в пляшка́х, молоко́ в гле́чиках. Вино́ п'ють чарка́ми, пи́во склянка́ми, молоко́ й ка́ву чашка́ми. М'я́со беру́ть вилка́ми, стра́ву ложка́ми, а садовину́ рука́ми. До ка́ви беру́ть цу́кор ложечка́ми. Доста́ву ї́жі й напи́тків завдя́чуємо хліборо́бам, садівника́м, різника́м, винокура́м і пивовара́м.

П р и́ п о в і д к а : Хлі́б і вода́ - коза́цька їда́.

I. In the remaining cases (for hard declension - plural) nouns have the following endings:

   d a t i v e :   -ам ; брата́м, се́страм, ві́кнам
   i n s t r u m e n t a l : -ами ; мо́лотами, рука́ми, ши́лами
   l o c a t i v e : -ах ; в зуба́х, в шко́лах, в міста́х

Я міщани́н і ти міщани́н - ми міща́ни.

Мій брат селяни́н і я селяни́н - ми селя́ни.

Міщани́нові тре́ба селяни́на - селя́нам тре́ба міща́н.

Іду́ з селяни́ном у мі́сто - ідемо́ з міща́нами на село́.

Я живу́ у Льво́ві, я львов'я́нин - ви живете́ в Ки́єві, ви кия́ни.

Ми живемо́ в Галичині́, ми галича́ни - галича́ни брати́ кия́нам.

Се́рбин і болга́рин, слов'я́ни. Се́рби й болга́ри, христия́ни.

2. Masculine nouns ending in -ин (янин) and referring to the inhabitants of a town or country lose their endings in the nominative plural:

    болга́рин - Bulgarian   болга́ри - Bulgarians

    тата́рин - Tartar   тата́ри - Tartars

    христия́нин - Christian   христия́ни - Christians

Notice that in Ukrainian all names of peoples and collecting nouns describing the inhabitants of a town begin with a small letter:

    лондо́нець - Londoner

    америка́нець - American

    украї́нець - Ukrainian

3. R e c a p i t u l a t i o n : H a r d   d e c l e n s i o n - p l u r a l.

a. All masculine nouns referring to animals and inanimate objects and all feminine and neuter nouns are declined in the following manner:

nom.	пси	носи́	ру́ки	му́хи	ши́ла
gen.	псів	носі́в	рук	мух	шил
dat.	пса́м	носа́м	рука́м	му́хам	ши́лам
acc.	пси	носи́	ру́ки	му́хи	ши́ла
voc.	пси	носи́	ру́ки	му́хи	ши́ла
inst.	пса́ми	носа́ми	рука́ми	му́хами	ши́лами
loc.	(в)пса́х	(в)носа́х	(в)рука́х	(в)му́хах	(в)ши́лах

b. All masculine nouns referring to persons are declined in the following manner:

nom.	сини́	робі́тники	христия́ни
gen.	сині́в	робітникі́в	христия́н(ів)
dat.	сина́м	робітника́м	христия́нам
acc.	сині́в	робітникі́в	христия́н(ів)
voc.	сини́	робі́тники	христия́ни
inst.	сина́ми	робітника́ми	христия́нами
loc.	(в)сина́х	(в)робітника́х	(в)христия́нах

Exercise

Translate: The bookbinders work with needles and thread. The radio- and electro-mechanics work with screwdrivers. The gardeners work with knives. In summer many townsfolk go into the country (village). They have there their summer houses. Workers live in towns. The Bulgarians are Slavs; they are Christians. We get our food and bread from the country. Man shall not live by bread alone.

Idioms.

Над життя́ люби́ти.	To love more than one's life.
Віддава́ти до рук.	To deliver personally.

Vocabulary.

напи́ток (-тку) M	drink		доста́ва (-ви) F	delivery
городи́на (-ни) F	vegetables		ї́жа (ї́жі) F	food, eatables
садовина́ (-ни́) F	fruit		хліборо́б (-а) M	farmer
стра́ва (-ви) F	cooked food, course		завдя́чувати (-чую,-чуєш)	to owe
лю́дський (-ка,-ке)	human		саді́вник (-а) M	fruit grower
трима́ти (-а́ю,-а́єш)	to hold		різни́к (-а́) M	butcher
мішо́к (-шка́) M	sack		виноку́р (-а) M	vintner
подава́ти (-даю́,-дає́ш)	to pass, to serve		пивова́р (-а) M	brewer
ми́ска (-ки) F	bowl		коза́цький (-ка,-ке)	cossack (adj)
ко́шик (-ка) M	basket		ї́да = ї́жа	
полу́мисок (-ска) M	big dish, platter		міща́нин (-а) M	townsman
кла́сти (кладу́,кладе́ш)	to put		селяни́н (-а) M	countryman, peasant
марі́лка (-ки) F	plate, dish		львов'я́нин (-а) M	inhabitant of Lviw
вино́ (-на́) N	wine		жи́ти (живу́,живе́ш ог:жию́,жиєш)	to live
пи́во (-ва) N	beer		кия́нин (-а) M	inhabitant of Kiev
бо́чка (-ки) F	barrel		Галичина́ (-ни́) F	Galicia
горі́лка (-ки) F	liquor, spirits		галича́нин (-а) M	Galician
пля́шка (-ки) F	bottle		се́рбин (-а) M	Serb
гле́чик (-а) M	little pot		болга́рин (-а) M	Bulgarian
пи́ти (п'ю,п'єш)	to drink		тата́рин (-а) M	Tartar
ча́рка (-ки) F	wineglass		слов'я́нин (-а) M	Slav
скля́нка (-ки) F	tumbler		христия́нин (-а) M	Christian
ча́шка (-ки) F	cup			
бра́ти (беру́,бере́ш)	to take		knife	ніж (ножа́)
вилки́ (-ло́к) PL	fork		shall not live	не бу́де жи́ти
ло́жка (-ки) F	spoon		by bread	inst. fr хліб
ло́жечка (-ки) F	teaspoon		alone	ті́льки

П'ЯТНА́ДЦЯТА ЛЕ́КЦІЯ   FIFTEENTH LESSON

Second Conjugation

У лі́сі.

Брат, сестра́ й я ро́бимо сього́дні прогуля́нку в ліс. Чи піде́те теж туди́, па́не

Богдане? Прошу́ ду́же, ідемо́ ра́зом. Чи ви лю́бите ліс? О, ліс люблю́ ду́же й іду́ туди́ ра́до. Ліс га́рний, зокре́ма влі́ті. Тут співа́ють пташки́, дзижча́ть кома́хи, шумля́ть дерева́, дзюрча́ть струмки́, а вра́нці блистя́ть у росі́ тра́ви. В лі́сі чи́сте й здоро́ве пові́тря. Тут ма́ло дорі́г і мо́жна ле́гко блуди́ти.

1. All verbs which in the 2nd person singular (present tense) end in -иш or -їш and in the 3rd person plural in -ять or -ать belong to the second or the so-called И- conjugation.

They have the following endings:

	a. after consonants:		b. after vowels:	
	sing.	plur.	sing.	plur.
1st person:	-ю (у)	-имо	-ю	-їмо
2nd person:	-иш	-ите	-їш	-їте
3rd person:	-ить	-ять (ать)	-їть	-ять

e.g. A.
кричу́ — I cry
кричи́ш — you cry
кричи́ть — he (she, it) cries
кричимо́ — we cry
кричите́ — you cry
крича́ть — they cry

плачу́ — I pay
пла́тиш — you pay
пла́тить — he (she, it) pays
пла́тимо — we pay
пла́тите — you pay
пла́тять — they pay

ві́рю — I believe
ві́риш — you believe
ві́рить — he (she, it) believes
ві́римо — we believe
ві́рите — you believe
ві́рять — they believe

B.
стою́ — I stand
стої́ш — you stand
стої́ть — he (she, it) stands
стоїмо́ — we stand
стоїте́ — you stand
стоя́ть — they stand

2. All verbs which retain before their endings the consonants ч, ж, ш, щ, are conjugated like кричу́.

му́чити - to torture (му́чу, му́чиш); триво́жити - to alarm (триво́жу, триво́жиш)
страши́ти - to frighten (страшу́, страши́ш); ни́щити - to destroy (нищу́, ни́щиш)

3. All verbs which have the consonants ч,ж,ш,щ, only in the 1st person singular are conjugated like плачу́. In all other persons they have:

        т instead of ч : летíти - to fly   лечу́,летиш.....летя́ть

        д instead of дж: глядíти - to look гляджу́,глядиш.....гляда́ть

        с instead of ш : носи́ти - to carry ношу́,носиш.......нося́ть

        з instead of ж : вози́ти - to drive вожу́,возиш.......во́зять

4. All other verbs are conjugated like вíрю. Notice that an л is put in after the labials п,б,в,м, before the -ю,-ять.

        п : спа́ти - to sleep   сплю, спиш .... сплять

        б : роби́ти - to work   роблю́, ро́биш.........ро́блять

        в : лови́ти - to catch ловлю́, ло́виш.........ло́влять

        м : томи́ти - to tire   томлю́, то́миш.........то́млять

Observe the difference:

    пла́чу, пла́чеш, пла́че, пла́чемо, пла́чете, пла́чуть : пла́кати - to cry

    плачу́, пла́тиш, пла́тить, пла́тимо, пла́тите, пла́тять : плати́ти - to pay

5. The form for the second person singular is the best indication of the conjugation to which the verb belongs:

    іду́, іде́ш - I go, you go / first conjugation/

    вíрю, вíриш - I believe, you believe / second conjugation/

6. In Ukrainian there is no continuous present form.

    Thus роблю́ may be translated : I work or: I am working

          пла́чу   I cry   or: I am crying, etc.

Exercise

T r a n s l a t e: The child is crying. My sister is yelling. My father is paying. What is your brother doing? He is still sleeping. What do you carry in the basket? I carry vegetables and fruit. Birds are flying in the wood. The townspeople like the forest. All Christians believe in God. The soldiers fight the enemy. In the Ukraine one frightens children with the Tartars. War destroys towns and villages.

Answer the following questions: Що любиш більше: село чи місто? Чи вірите в Бога? Де шумлять дерева? Що тривожить ворогів?

Idioms.

З розмахом.	With zest.
Я цілком певний що...	I am quite certain that...

Vocabulary.

робити (роблю, робиш)	to work, to make	легко	easily
прогулянка (-ки) F	walk, stroll	блудити (-джу, -диш)	to err, to go astray
підете	you will go	кричати (-чу, -чиш)	to shout, to yell
туди	this way	можна	one can, it is possible
просити (прошу, просиш)	to ask	платити (плачу, платиш)	to pay
дуже	very	вірити (вірю, віриш)	to believe
любити (-блю, -биш)	to love	стояти (стою, стоїш)	to stand
о!	oh!	мучити (-чу, -чиш)	to torture
Богдан (-а) M	Bohdan	страшити (страшу, страшиш)	to frighten
радо	gladly	тривожити (-ожу, -ожиш)	to alarm
співати (-аю, -аєш)	to sing	нищити (-щу, -щиш)	to destroy
пташка (-ки) F dim	bird	летіти (лечу, летиш)	to fly
дзижчати (-чу, -чиш)	to buzz	глядіти (гляджу, глядиш)	to look
комаха (-хи) F	fly, insect	носити (ношу, носиш)	to carry
шуміти (-млю, -миш)	to rustle	возити (вожу, возиш)	to drive, to cart
дзюрчати (-чу, -чиш)	to murmur	спати (сплю, спиш)	to sleep
струмок (-мка) M	brook	ловити (ловлю, ловиш)	to catch
блистіти (блищу, блистиш)	to shine	томити (томлю, томиш)	to tire
роса (-си) F	dew	плакати (плачу, плачеш)	to cry, to weep
чистий (-та, -те)	clear, clean	більше	more
повітря (-ря) N	air		

ШІСТНАДЦЯТА ЛЕКЦІЯ   SIXTEENTH LESSON

Hard Declension - Conclusion

Весілля.

Українське весілля цікаве й гарне. Воно зберігає багато старовини. Насамперед відбуваються сватання й заручини. Парубка й дівчину висватують панове свати. Шлюб дає священик у церкві. Молодий і молода ідуть до церкви в супроводі старости, дружбів і дружок. Тут вони вінчаються. З церкви всі вертаються серед співів додому й тут відбувається гостина. Молода пара, батько й мати, свекор і свекруха, староста, дружби, дружки й гості проводять вечір при напитках, їжі, співах і гулянках.

1. The nominative and vocative plural of пан has two forms: пані́ and пано́ве. The second form is used most often in formal public address:

    Мої́ Пано́ве! Високодосто́йні Пано́ве!

2. Masculine nouns ending in -a like ста́роста, дру́жба, слуга́, are declined like the feminine nouns of -a group.

 In the plural of these nouns the accusative always takes the same form as the genitive, because they refer to персо́ns: старо́ст, дружб, слуг

 In the genitive plural they may also have a second form with the masculine ending. Thus we can say: старості́в   or: старо́ст
             дружбі́в   or: дружб

Григо́рій Кві́тка-Осно́в'я́ненко був украї́нський письме́нник-повіста́р. Він був ма́йже рове́сник Тара́са Шевче́нка. Тво́ри Кві́тки-Осно́в'я́ненка чита́ють і сього́дні ду́же ра́до. Кві́тці-Осно́в'я́ненкові завдя́чує украї́нська літерату́ра таки́й твір як "Мару́ся". І́нший письме́нник - Євге́н Гребі́нка; він був байка́р. "Прика́зки" Євге́на Гребі́нки це ду́же га́рна збі́рка.

3. The plural of:

люди́на - man	лю́ди	дити́на - child	ді́ти	ді́вчина - girl	дівча́та
	люде́й		діте́й		дівча́т
	лю́дям		ді́тям		дівча́там
	люде́й		діте́й		дівча́та
	лю́ди		ді́ти		дівча́та
	людьми́		дітьми́		дівча́тами
	(в)лю́дях		(в)ді́тях		(в)дівча́тах

4. Some nouns still retain an old "dual" form besides the plural:

   руці́   hands   о́чі   eyes
   нозі́   feet   у́ші   ears

5. Óчі and ýші (ýха) are declined in the following manner:

nom.	óчі or: вíчі		ýші or:	ýха
gen.	очéй		ушéй	ух
dat.	очáм		ушáм	ýхам
acc.	óчі	вíчі	ýші	ýха
voc.	óчі	вíчі	ýші	ýха
inst.	очи́ма		уши́ма	ýхами
loc.	(в)очáх			(в)ýхах

Exercise

Translate: Where is the bride? She is in the garden with the children. Gentlemen, I am going to (на) the wedding. The bridegroom and the bride are married in a church. My mother-in-law is in town. The children like the birds. On the streets there are many children. They are also in the parks. The children play in the garden. My mother is carrying a child in (her) arms. The girls lead their little brother by the hand.

Put the following sentences into the plural: Рукá рýку ми́є (Ukr. proverb). Мій пáне, ви ще тут? Слугá йдé в мíсто. Дíвчина йдé з дити́ною на прогуля́нку в ліс. Люди́ні трéба óдягу. Дити́на є з дíвчиною в пáрку.

Idioms.

    Припадáти до вподóби. To appeal to one.
    Пóнад мíру.   Excessively.

Vocabulary.

весíлля (-ля)N	wedding	сват (-а)M	matchmaker
цікáвий (-ва,-ве)	interesting	шлюб (-у) M	wedding ceremony
зберігáти (-áю,-áєш)	to keep, to preserve	свящéник (-а)M	priest
старовинá (-ни)F	old customs	цéрква (-ви)F	church
насампéред	first of all	молоди́й (-óго)M	bridegroom
відбувáтися (-áюся,-áєшся)	to take place	молодá (-óї)F	bride
		сýпровід (-воду)M	company
свáтання (-ня)N	matchmaking	стáроста (-ти)M	master of wedding ceremonies
зарýчини (-чин)PL	engagement	дрýжба (-би)M	best man
дíвчина (-ни)F	girl	дрýжка (-ки)F	bridesmaid
висвáтувати (-тую,-туєш)	to help in matchmaking	вінчáтися (-чáюся,-чáєшся)	to wed
		всі PL	all

вертатися (-аюся,-аєшся)	to return	Тарас (-а)	Taras
серед	among	Шевченко (-нка)	Shevchenko
спів (-у) M	song, singing	твір (твору M	(literary) work
гостина (-ни) F	reception	читати (-аю,-аєш)	to read
пара (-ри) F	couple	література (-ри) F	literature
свекор (-кра) M	father-in-law	такий (-ка,-ке)	such
свекруха (-хи) F	mother-in-law	як	as, like
гості (-тей) PL	guests	Маруся (-сі) F	Marusia
проводити (-оджу,-одиш)	to pass, to spend	інший (-ша,-ше)	another
гулянка (-ки) F	dancing	Євген (-а)	Eugene
високодостойний (-на,-не)	highly esteemed	Гребінка	Hrebinka
		байкар (-я) M	writer of fables
слуга (-ги) M	servant	приказка (-ки) F	proverb, saying
Григорій (-ія)	Gregory	збірка (-ки) F	collection
Квітка-Основ'яненко	Kvitka-Osnovyanenko	байка (-ки) F	fable
письменник (-а) M	writer	очі (очей) PL	eyes
повістяр (-а) M	novelist	уші (ушей) PL	ears
майже	almost		
ровесник (-а) M	contemporary, of the same age	arm	рука (-ки)

СІМНАДЦЯТА ЛЕКЦІЯ   SEVENTEENTH LESSON

Soft Declension - Masculine Nouns

Пори року. Місяці.

Рік поділяється на чотири пори. Назви пір року такі: весна, літо, осінь, зима. Час між зимою й весною називають "рання весна" або "провесна".

Назви місяців такі: січень,* лютий, березень, квітень, травень, червень, липень, серпень, вересень, жовтень, листопад, грудень. Замість "лютий" кажуть тут і там "лютень", замість "березень" - "март", замість "травень" - "май".

Весна триває від березня до травня, літо від червня до серпня, осінь від вересня до листопада, зима решту місяців. Час між місяцями : червнем і вереснем називають звичайно : "ферії" або "вакації".

Приповідка: Сухий березень, мокрий май, буде жито, немов гай.

I. Besides the hard declension there is in Ukrainian a soft declension. All masculine nouns ending in a soft consonant (a consonant + ь), an -й , and some masculine nouns ending in -ар or -ир belong to the soft declension.

---

*In Ukrainian the names of months and days are not capitalized.

Soft declension:

		sing.	pl.		sing.	pl.		sing.	pl.
A.	nom.	хло́пець	хло́пці	B. кра́й	краї́	C. лі́кар	лікарі́
	gen.	хло́пця	хло́пців	кра́ю	краї́в	лікаря́	лікарі́в
	dat.	хло́пцеві	хло́пцям	кра́єві	кра́ям	лі́кареві	лікаря́м
	acc.	хло́пця	хло́пців	край	краї́	лікаря́	лікарі́в
	voc.	хло́пче	хло́пці	кра́ю	краї́	лі́карю	лікарі́
	inst.	хло́пцем	хло́пцями	кра́єм	кра́ями	лі́карем	лікаря́ми
	loc.	(в)хло́пці(-еві)	(в)хло́пцях	(в)кра́ю(-ї)	(в)края́х	(в)лі́кареві	(в)лікаря́х

2. As in the hard declension, the law of vowel permutation ("i-sound change, cf. Lesson 5) and the "missing e or o" (cf. Lesson 8) apply to the declension of soft nouns.

Exercise

Decline: молоде́ць, кіне́ць, палі́й, кобза́р, госпо́дар, манасти́р.

Translate: The weather was fine in May. Now we have November. In November we have bad weather. When are we going to make an excursion into the country? We do not know yet whether in June or July. Boys and girls are already there. They are with grandfather. In the Ukraine there are many kobzars.

Idioms.

| Не в по́ру. | At an awkward time
At an unsuitable hour. |
| Від щи́рого се́рця. | From the bottom of the heart. |

Vocabulary.

пора́ (-ри́) F	season	про́весна (-ни) F	early spring
рік (ро́ку) M	year	сі́чень (-чня) M	January
мі́сяць (-ця) M	month, moon	лю́тий (-того) M	February
поділя́тися (-я́юся, -я́єшся)	to be divided	бе́резень (-зня) M	March
чоти́ри	four	тра́вень (-вня) M	May
такі́ PL	the following	че́рвень (-вня) M	June
лі́то (-та) N	summer	ли́пень (-пня) M	July
о́сінь (-сени) F	autumn, fall	се́рпень (-пня) M	August
зима́ (-ми́) F	winter	ве́ресень (-сня) M	September
між	between	жо́втень (-тня) M	October
назива́ти (-а́ю, -а́єш)	to name, to call	листопа́д (-у) M	November
ра́нній (-я, -є)	early	гру́день (-дня) M	December

квітень (-тня)	April	жито (-та)	rye
замість	instead	немов	as if, like
казати (кажу, кажеш)	to say, to tell	гай (-ю)	grove
лютень (-тня)	February	хлопець (-пця)	boy
март (-а)	March	молодець (-дця)	young man, fellow
май (-ю)	May	край (-ю)	country, land, edge
тривати (-аю, -аєш)	to last	кінець (-нця)	end
решта (-ти)	remainder, the rest	палій (-ія)	incendiary
ферії (-рій)	holidays	господар (-я)	landlord, farmer
вакації (-цій)	holidays	лікар (-я)	doctor, physician
сухий (-ха, -хе)	dry	манастир (-я)	monastery
мокрий (-ра, -ре)	wet	кобзар (-я)	kobzar, kobza player

ВІСІМНАДЦЯТА ЛЕКЦІЯ   EIGHTEENTH LESSON

Soft Declension — Feminine Nouns
Elision of Consonants

Тиждень. Дні.

Місяць має чотири тижні. Дні в тижні такі: понеділок, вівторок, середа, четвер, п'ятниця, субота, неділя.

Передучора була неділя, вчора понеділок, сьогодні вівторок. Завтра буде середа, післязавтра четвер. Що за день був учора? Що за день буде післязавтра? Що за день маємо сьогодні?

Тиждень перед Великоднем називається "Великий тиждень". П'ятниця перед Великоднем це "Велика або Страсна п'ятниця". День перед п'ятницею це "Страсний четвер".

в понеділок	on Monday
у вівторок	on Tuesday
коло п'ятниці	about Friday
після четверга	after Thursday
перед середою	before Wednesday

В п'ятницю їдемо на село, в неділю вертаємося додому. Де ви будете в неділю? В неділю пополудні будемо в Верещенків, а ввечері в театрі. Коли будете у Львові? Певно не знаю, так коло неділі. То до побачення! Всього кращого!

1. All feminine nouns ending in -я belong to the soft declension. They are declined as follows:

	sing.		pl.		sing.		pl.
A. nom.	княги́ня	princess	княги́ні	B.	надія	hope	надії
gen.	княги́ні		княги́нь		надії		надій
dat.	княги́ні		княги́ням		надії		надіям
acc.	княги́ню		княги́ні		надію		надії
voc.	княги́не		княги́ні		надіє		надії
inst.	княги́нею		княги́нями		надією		надіями
loc.	(в)княги́ні		(в)княги́нях		(в)надії		(в)надіях

2. All feminine nouns which have a consonant (with the exception of labials п, б, в, м,) before the ending -я, are declined like княги́ня.

3. Those feminine nouns which have a vowel or a labial consonant п, б, в, м, before their ending -я, are declined like надія.

4. Also a few masculine nouns that end in -я are declined in the manner shown above (e.g. суддя́ - judge). In the genitive plural, however, they take the ending -ів (судді́в).

5. Nouns referring to family members and all diminutives have in the vocative singular the ending -ю:

nom.	мамýся	mother (dim)	voc.	мамýсю	nom.	Марýся	Mary (dim)	voc.	Марýсю
	мамýня			мамýню		Марýня			Марýню
	мамýнця			мамýнцю		Марі́йця			Марі́йцю
	ма́мця			ма́мцю		Мари́ня			Мари́ню

6. **E l i s i o n   o f   c o n s o n a n t s**: Whenever three consecutive consonants might be grouped together in the formation of a word, one of them is elided.

e.g. ти́ждень (nom) - ти́жня (gen) ; страсть (n) - страсни́й (adj)
   піст (n) - пісни́й (adj)

Exercise

D e c l i n e: пісня, вулиця, буря, вечеря, шия.

T r a n s l a t e: On Sunday afternoon we were on an excursion. On Friday night I was with a friend. Monday morning I am going to school. The day after tomorrow we are going to Kiev. My sister Mary was yesterday afternoon at mother-in-law's. Tonight my brother is going to the theatre. My grandfather was in your summer house on Friday. My mother is serving the supper. After supper we go for a walk.

I d i o m s.

За ніщо́ в сві́ті.	For nothing in the world.
Піти́ кому́ на ру́ку.	To meet somebody half way.

V o c a b u l a r y.

ти́ждень (-жня) M	week		пе́вно	certainly
день (дня) M	day		княги́ня (-ні) F	princess
понеді́лок (-лка) M	Monday		надія (-ії) F	hope
вівто́рок (-тірка) M	Tuesday		мамуся (-сі) F (dim)	mother
середа́ (-ди́) F	Wednesday		мамуня (-ні) F (dim)	mother
четве́р (-рга́) M	Thursday		мамунця (-ці) F (dim)	mother
п'я́тниця (-ці) F	Friday		мамця (-ці) F (dim)	mother
субо́та (-ти) F	Saturday		Маруся (-сі) F (dim)	Mary
неді́ля (-лі) F	Sunday		Маруня (-ні) F (dim)	Mary
передучо́ра	the day before yesterday		Марі́йця (-ці) F (dim)	Mary
пе́ред	before		Мариня (-ні) F (dim)	Mary
післяза́втра	the day after tomorrow		страсть (-ти) F	pain, suffering
що за	what, what kind of		страсний (-на́, -не́)	suffering (adj)
Вели́к(о)день (-дня) M	Easter		піст (посту) M	fast, lent
Вели́ка п'я́тниця F	Good Friday		пісний (-на́, -не́)	meatless, lean
Страсна́ п'я́тниця F	Good Friday		пі́сня (-ні) F	song
за́втра	tomorrow		бу́ря (-рі) F	storm
Вели́кий ти́ждень M	Holy Week		вече́ря (-рі) F	supper
Страсний четве́р M	Maundy Thursday		шия (-иї) F	neck
ко́ло	about		учо́ра = вчо́ра	
Вереще́нко	Vereshchenko			

ДЕВ'ЯТНА́ДЦЯТА ЛЕ́КЦІЯ   NINETEENTH LESSON

Soft Declension — Neuter Nouns

The Adjective (I)

Над мо́рем. (Пляж).

В лі́ті і́демо над мо́ре. На бе́резі мо́ря є пляж. Вчасі́ пого́ди тут бага́то люде́й.

Вони вештаються по пляжі, сидять у кошах, роблять піскові вали (або насипи) довкола кошів, гріються до сонця або купаються в морі.

На пляж береться звичайно такі речі: купелевий одяг (костюм) або штанці, купелевий халат, купелеві виступці (пантофлі), торбу, крем, парасольку й м'ячище. М'ячищем граємося на пляжі після руханки. На пляжі є ще: місток, човни, рятункове поготівля й пляжовий сторож.

Над морем є свіже повітря й багато сонця. Тут люди відпочивають і набирають здоров'я та сил до праці.

1. All neuter nouns which have the ending -я and all those neuter nouns which end in -е (not preceded by ч,ж,щ,) belong to the soft declension.

E.g.

		sing.	pl.	sing.	pl.
A	nom.	поле - field	поля	оповідання - tale	оповідання
	gen.	поля	піль(полів)	оповідання	оповідань
	dat.	полю	полям	оповіданню	оповіданням
	acc.	поле	поля	оповідання	оповідання
	voc.	поле	поля	оповідання	оповідання
	inst.	полем	полями	оповіданням	оповіданнями
	loc.	(в)полі (-ю)	(в)полях	(в)оповіданні (-ю)	(в)оповіданнях

2. All neuter nouns which before their ending -е have no ч,ж,щ, are declined like поле. (E.g. море - sea, сонце - sun)

3. All neuter nouns ending in -я are declined like оповідання
    Notice that nearly always the consonant before the final -я is doubled:

  життя - life   волосся - hair

Two different consonants, a labial or an р do not double:
    a. /two consonants/: листя - foliage, повітря - air
    b. /labial/: безхліб'я - hunger
    c. /consonant /: подвір'я - yard

In the last two examples an apostrophe is inserted in place of the second consonant in the double consonant.

4. The noun плече́ forms its plural in a similar way to о́ко (cf. Lesson 16):

<u>nom</u>. пле́чі - shoulders
<u>gen</u>. плече́й   пліч
<u>dat</u>. плеча́м
<u>acc</u>. пле́чі
<u>voc</u>. пле́чі
<u>inst</u>. плечи́ма   плічми́
<u>loc</u>. (в)пле́чах

5. T h e   a d j e c t i v e .

In the first person plural all Ukrainian adjectives have one ending -і for all genders:

    m a s c u l i n e : вели́кі лю́ди - great men,   га́рні образи́ - pretty pictures
    f e m i n i n e : до́вгі ру́ки - long hands, коро́ткі но́ги - short legs
    n e u t e r : широ́кі пле́чі - broad shoulders, малі́ уста́ - small mouth

П р и́ п о в і д к а : На безри́б'ї й рак ри́ба.

E x e r c i s e

D e c l i n e : подві́р'я, суддя́, життя́, мо́ре.

T r a n s l a t e : The vegetables grow in the field. Big trees grow by the house. Old trees are tall. Small chidren are playing in the yard. The old and the young like bathing (ра́до купа́ються) in tne sea. My brother is going to (на) a meeting in town. I was at the wedding of my sister. In the Ukraine there are many tales about the cossacks. The life of a cossack was beautiful. The cossacks fought the Tartars on the steppes of the Ukraine.

I d i o m s .

    Бу́ти про́ти чо́го.   To be against something.
    Ми пора́димо собі́.   We shall manage.

Vocabulary.

мо́ре (-ря)N	sea	місто́к (-тка́)M	little bridge
пляж (-у)M	beach	пі́сля	after
над	on	чо́вен (-вна)M	boat
вчасі́	while, during	рятунко́ве поготі́вля	first aid post
ве́штатися (-та́юся,-та́єшся)	to stroll about	сві́жий (-жа, -же)	**fresh**
сиді́ти (-джу́,-ди́ш)	to sit	пля́жовий (-ва, -ве)	beach
кіш (коша́)M	deckchair	відпочива́ти (-а́ю, -а́єш)	to rest, to relax
піско́вий (-ва́, -ве́)	sandy	набира́ти (-а́ю, -а́єш)	to gather
вал (-у)M	pile	си́ла (-ли)F	strength, force
на́сип (-у)M	dam	пра́ця (-ці)F	work
довко́ла	roundabout	по́ле (-ля)N	field
грі́тися (грі́юся,грі́єшся)	to sun oneself	оповіда́ння (-ня)N	tale, short story
со́нце (-ця)N	sun	ли́стя (-тя)N	foliage
ре́чі (-че́й)PL	items, belongings, things	життя́ (-тя́)N	life
купеле́вий о́дяг (-гу)	bathing suit	безхлі́б'я (-б'я)N	breadless time, hunger, famine
купеле́вий костю́м (-му)	bathing suit	подві́р'я (-р'я)N	courtyard, yard
купеле́вий хала́т (-а)	bathing gown	плече́ (-ча́)N	shoulder
штанці́ (-ці́в) PL	trunks	рак (-а)M	crab
купеле́ві ви́ступці (-ців)	sandals	ри́ба (-би)F	fish
купеле́ві панто́флі (-лів)	sandals	мі́сце (-ця)N	place
крем (-у)M	cream	суддя́ (-ді́)M	judge
парасо́лька (-ки)F	umbrella		
м'ячи́ще (-ща)N	medicine ball	meeting	ві́че (-ча)N
ру́ханка (-ки)F	gymnastics		

ДВАДЦЯ́ТА ЛЕ́КЦІЯ   TWENTIETH LESSON

Mixed Declension

Троя́нда.

Цвіла́ Троя́нда у садо́чку,

    А недале́чко, у куто́чку,

Між бур'яно́м бренів Будя́к.

І ка́же він Троя́нді так:

"Наащо́ це ти колю́чок начіпля́ла?"

" А ти нащо́?" - вона́ його́ спита́ла.

    "Я?" - обізва́всь Будя́к,

"Я, се́рденько, не про́ста шту́ка,

    Я - степови́й коза́к!

Мені́ колю́чка, як шаблю́ка,

    Щоб ворогі́в страши́ть,

Щоб всім було́ споко́йно жить.

Вам більш нема́ нія́кої робо́ти -

Цвісти́, пахті́ть, а не коло́ти".

"Не все ж коло́ть і Будяка́м" -

Троя́нда ка́же, - "тре́ба й нам,

Щоб круче́нії Панічі́ боя́лись

    І до Троя́нди не чіпля́лись.

Су́неться який біс - йому́ колю́чка в ніс,

Щоб не забу́вся, якслі́д Троя́нду шанува́ть,

А не зні́чев'я обвива́ть".

"Хіба́"-сказа́в Будя́к і усміхну́вся.

                  Леоні́д Глі́бов.

Note. The fable by Hlibov has been introduced at this stage to acquaint the student with a more complex type of sentence structure.

1. Apart from the hard and soft declensions there is in Ukrainian a m i x e d declension of masculine, feminine, and neuter nouns. As its name suggests, this declension contains hard and soft (mixed) case endings.

2. The following nouns belong to the m i x e d declension:

   a. Masculine nouns ending in -ш,-щ,-ж,-ч,and -яр (denoting profession).
   They are declined like:

	sing.	pl.		sing.	pl.
A. nom.	ніж - knife	ножі́	B. сто́ляр - carpenter	столярі́
gen.	ножа́	ножі́в		столяра́	столярі́в
dat.	ножеві́	ножа́м		столяреві́	столяра́м
acc.	ніж	ножі́		столяра́	столярі́в
voc.	но́жу	ножі́		сто́ляре	столярі́
inst.	ноже́м	ножа́ми		столяре́м	столяра́ми
loc.	(в)ножі́ (-у́)	(в)ножа́х		(в)столяреві́	(в)столяра́х

   b. Feminine nouns ending in -(ш)а,-(щ)а,-(ж)а,-(ч)а. They are declined as follows:

	sing.	pl.
nom.	ро́жа - rose	ро́жі
gen.	ро́жі	рож
dat.	ро́жі	ро́жам
acc.	ро́жу	ро́жі
voc.	ро́же	ро́жі
inst.	ро́жею	ро́жами
loc.	(в)ро́жі	(в)ро́жах

   c. Neuter nouns ending in -(щ)е,-(ж)е,-(ч)е. They are declined in the following manner:

nom.	прі́звище - surname	прі́звища	
gen.	прі́звища	прі́звищ	
dat.	прі́звищу	прі́звищам	
acc.	прі́звище	прі́звища	
voc.	прі́звище	прі́звища	
inst.	прі́звищем	прі́звищами	
loc.	(в)прі́звищі (-у)	(в)прі́звищах	

Exercise

D e c l i n e: слуха́ч, скляр, гру́ша, ту́ча, я́вище

Translate this English nursery rhyme:

> There was an old woman
>   who lived in a shoe.
> She had so many children
>   she didn't know what to do.
>
> She gave them some broth
>   without any bread.
> She whipped them all soundly,
>   and sent them to bed.

Idioms.

Напекти́ ра́ків.   To blush.

Нема́є ра́ди.   It can't be helped.

Vocabulary.

троя́нда (-ди) F	rose	степови́й (-ва́,-ве́)	steppe (adj)
цвісти́ (цвіту́, цвіте́ш)	to blossom	степови́й коза́к	cossack from the steppes
садо́чок (-чка) M (dim)	orchard		
недале́чко	close by	шаблю́ка (-ки) F	big sword
куто́чок (-чка) M (dim)	corner	щоб	in order to
бур'я́н (-у) M	weed, weeds	страши́ть = страши́ти (-шу́,-ши́ш)	to frighten
бреніти (-ню́,-ни́ш)	to buzz		
будя́к (-а́) M	thistle	споко́йний (-на,-не)	peaceful, quiet
так	thus	більш бі́льше	more
на́що	what for, why	нія́кий (-ка,-ке)	not any, no (adj)
колю́чка (-ки) F	thorn	робо́та (-ти) F	work
начіпля́ти (-я́ю,-я́єш) to cover oneself with		пахті́ть = пахті́ти (па́хну, па́хнеш)	to be fragrant
вона́	she		
його́	him	коло́ти (колю́,ко́леш)	to prick
спита́ти (fut.* -а́ю,-а́єш)	to ask	все ж	always
обізва́тися (fut. -ву́ся,-ве́шся) to speak		коло́ть = коло́ти	
серде́нько (-ка) N (dim)	heart, darling	тре́ба й нам	we also need it
про́стий(-та,-те)	simple	кру́чений (-на,-не)	curly
шту́ка, (-ки) F	being	пани́ч (-а́) M	dandy
Леоні́д (-а)	Leonid	Глі́бов (-а)	Hlibov

* As Ukrainian perfective verbs have no r e a l present tense, their conjugation is marked in the vocabulary as fut.(future). Cf. Lesson 35.

боятися (-юся,-їшся)	to fear	скляр (-а) M	glazier
чіплятися (-яюся,-яєшся)	to cling to, to pester	груша (-ші) F	peartree
сунутися (-уся,-ешся)	to approach impudently	туча (-чі) F	storm, gale
		явище (-ща) N	phenomenon, fact
який	some	there was	була собі
біс (-а) M	unwanted person, devil	old	старий (-ра́,-ре́)
йому (dat)	him	who	що
забутися (- fut. -будуся,-будешся)	to forget oneself	so many	так багато
		children	діти (дітей)
якслід	properly	did not know	не знала
шанувать = шанувати (-ую,-уєш)	to honor	to do	робити
знічев'я	suddenly	them	їх
обвивать = обвивати (-аю,-аєш)	to wrap up, to embrace	some	трохи
		broth	юшка
хіба!	really!	to whip	бити (б'ю,б'єш,herebила)
усміхнутися (fut. -нуся, -нешся)	to smile	all	всіх
рожа (-жі) F	rose	soundly	здорово
прізвище (-ща) N	surname	sent	післала
слухач (-а́) M	listener	to bed	спати (до ліжка)

ДВАДЦЯТЬ ПЕРША ЛЕКЦІЯ   TWENTY FIRST LESSON

Consonant Declension - Feminine Nouns

Declension of МАТИ (mother)

Літо.

В літі дні довгі, ночі короткі. Сонце сходить дуже рано, а заходить дуже пізно. Поля, ліси, сади й огороди пишаються зеленню. В день панує горяч і спека. Люди й звірята шукають за тінню дерев, бо тут немає горячі. Часом у день або в ночі приходить буря із громами та блискавицями. Тут і там паде град та робить шкоди хліборобові.

Серце хлібороба сповняється радістю, бо в полі доспіває збіжжя, в огороді городина, в саді ягоди й садовина.

I. Besides the hard, soft, and mixed declensions there is in Ukrainian a c o n s o n a n t declension of feminine and neuter nouns.

All feminine nouns ending in a consonant (hard or soft) belong to this c o n s o n a n t declension.

Consonant declension:

A.
	sing.	pl.
nom.	ніч - night	ночі
gen.	ночі	ночей
dat.	ночі	ночам
acc.	ніч	ночі
voc.	ноче	ночі
inst.	ніччю	ночами
loc.	(в)ночі	(в)ночах

B.
	sing.	pl.
nom.	кість - bone	кості
gen.	кости	костей
dat.	кості	костям
acc.	кість	кості
voc.	косте	кості
inst.	кістю	кістьми
loc.	(в)кості	(в)костях

C.
	sing.	pl.
nom.	любóв - love	любóві /rarely used/
gen.	любóви	любóвей
dat.	любóві	любóвам
acc.	любóв	любóві
voc.	любóве	любóві
inst.	любóв'ю	любóвами
loc.	(в)любóві	(в)любóвах

2. All feminine nouns ending in -ч,-ж, -ш, are declined like ніч.
   E.g. піч (печі) - stove, річ (речі) - thing, крадіж (крадежі) - theft

3. Almost all other other feminine nouns ending in a consonant are declined like кість. E.g. повість (повісти) - novel, смерть (смерти) - death

   Notice that the instrumental plural has often the ending -ями instead of -ьми : (повістями)

4. Кров - blood is declined like любóв.

5. Notice the following irregular forms:

nom.	gen.
Русь - Rus'	Руси
сіль - salt	соли
осінь - autumn	осени

6. The noun **мати** has a special declension:

	sing.	pl.
nom.	мáти - mother	матерí
gen.	мáтері	матерéй (-ів)
dat.	мáтері	матерям
acc.	мáтір	матерí
voc.	мáти	матерí
inst.	мáтір'ю	матерями
loc.	(в)мáтері	(в)матерях

Exercise

Decline: пóвість, кýпіль, зéлень, смерть, честь, пóдорож

Translate: In autumn the leaves are on the ground. After autumn comes winter. My mother was at the seaside (над мóрем) in summer, and now she is with grandmother. Mother and child are bathing in the sea. Mother's heart is full of love (сповняється + inst.) for the children. The little boy goes for a walk with mother. Mothers and children are sunning themselves in (на) the sun. During the day the weather was fine, but there was a storm at night. The dogs like bones. My brother works at night and sleeps during the day. In winter grandfather and grandmother sit at the fireside.

Idioms.

Мáти на увáзі.	To pay attention to.
На кóжному крóці.	On all hands.

Vocabulary.

ніч (нóчі)F	night	тінь (-ні)F	shadow, shade
сходити (схóджу, схóдиш)	to rise	приходити (-джу,-диш)	to come
рáно	early	грім (грóму)M	thunder
заходити (-джу,-диш)	to set	блискáвиця (-ці)F	lightning
пíзно	late	та = і	
пишáтися (-áюся,-áєшся)	to be proud of	пáдати (-аю,-аєш)	to fall
зéлень (-ні)F	verdure	град (-у) M	hail
панувáти (-ýю,-ýєш)	to reign	шкóда (-ди)F	damage
горяч (-і) F	heat	сповнятися (-яюся,-яєшся)	to fulfil oneself
спéка (-ки) F	heatwave	рáдість (-дости)F	joy
шукáти (-áю,-áєш)	to seek	доспівáти (-áю,-áєш)	to ripen

збíжжя (-жя)N	crop(s)		любóв (-ви)F	love
я́года (-ди)F	berry		кýпіль (-пелі)F	bath
кість (кóсти)F	bone		честь (чéсти)F	honor
піч (пéчі)F	stove, fireside		пóдорож (-жі)F	journey, travel
річ (рéчі)F	thing, matter		Русь (-си)F	Rus'
крáдіж (-дежі)F	theft		сіль (сóли)F	salt
пóвість (-істи)F	novel		кров (-ви)F	blood
смерть (-ти)F	death		земля́ (-лí)F	earth

ДВÁДЦЯТЬ ДРÝГА ЛÉКЦІЯ   TWENTY SECOND LESSON

Consonant Declension - Neuter Nouns

Звірине́ць.

Я був у неді́лю з ба́тьком і ма́тір'ю в звіри́нці. Там бага́то звіря́т: вовки́, вовчи́ці, вовченя́та, лис і лиси́ця з лисяня́тами, ведмі́дь та ведме́диця з ведмедя́тем, лев і льви́ця з левеня́тами, слон із слоня́тем, верблю́д, жира́фа, носорі́г та бага́то малп і малпеня́т. Крім ди́ких звіря́т і хижакі́в є там ще дома́шні звіря́та, як віл, коро́ва, вівця́, крі́лики, є пта́хи й кома́хи, а в окре́мому ві́дділі - в аква́рії : ри́би, гади-плазуни́, черепа́хи й жаби́.

В звіри́нці було́ бага́то люде́й, бо це була́ " деше́ва неді́ля" й ці́ни біле́тів всту́пу були́ низькі́.

I. Those neuter nouns ending in -я, -a, w h i c h   h a v e   a   c o n s o n a n t   a t   t h e   e n d   o f   t h e i r   s t e m belong to the c o n s o n a n t   declension. This can be recognized from the genitive singular (before the case ending -и) or from the genitive plural where the stem itself is the ending.

E.g. A.

	sing.	pl.
nom.	звіря́ - animal	звіря́та
gen.	звіря́ти	звіря́т
dat.	звіря́ті	звіря́там
acc.	звіря́	звіря́та
voc.	звіря́	звіря́та
inst.	звіря́м	звіря́тами
loc.	(в)звіря́ті	(в)звіря́тах

		sing.	pl.		sing.	pl.
B.	nom.	курча́ -chicken	курча́та	C.	ра́м'я -- arm	ра́мена
	gen.	курча́ти	курча́т		ра́мени	раме́н
	dat.	курча́ті	курча́там		ра́мені	ра́менам
	acc.	курча́	курча́та		ра́м'я	ра́мена
	voc.	курча́	курча́та		ра́м'я	ра́мена
	inst.	курча́м	курча́тами		ра́м'ям	раме́нами
	loc.	(в)курча́ті	(в)курча́тах		(в)ра́мені	(в)ра́менах

2. All neuter nouns which have an -м- before the ending -я are declined like ра́м'я.

3. All neuter nouns ending in -а are declined like курча́.

4. All other neuter nouns are declined like звіря́.

5. The instrumental singular may also have the endings -енем, -ятем instead of -ям:

  ра́менем ра́м'ям; звіря́тем звіря́м

Exercise

D e c l i n e: ви́м'я, стре́м'я, горня́, хлоп'я́.

C o m p l e t e the following sentences: Над пото́ком хо́дить ку́рка з....(курча́). Кінь і віл це дома́шні......(звіря́). Коро́ва ма́є по́вні......(ви́м'я). Украї́нські ......(ді́вчина) співа́ють га́рні пісні́. Ма́ти раді́є....(дитя́). Молоко́ подаю́ть....(горня́).

T r a n s l a t e: In the farmer's yard there are many animals. The little boy and the little girl look after the chickens. The cow's udder is full of milk. The fox is a wild animal. The Ukrainians are Slavs. In the zoo there are many wild animals. I like to watch the baby elephant. This is a short story, not a novel. We were in the zoo in the afternoon, when the prices of tickets were very low.

Idioms.

Витріщив очі.	His eyes nearly started from his head.
На мене черга.	It is my turn.

Vocabulary.

звіринець (-нця) M	zoo		вівця (-ці) F	sheep
вовк (-а) M	wolf		окремий (-ма,-ме)	separate
вовчиця (-ці) F	she-wolf		відділ (-у) M	section
вовченя (-яти) N	wolf-cub		акварій (-ія) M	aquarium
лис (-а) M	fox		гад (-а) M	snake
лисиця (-ці) F	vixen		плазун (-а) M	reptile
лися (-яти) N	young fox		черепаха (-хи) F	tortoise, turtle
лисеня = лися			жаба (-би) F	frog
ведмідь (-медя) M	bear		дешевий (-ва,-ве)	cheap
ведмедиця (-ці) F	she-bear		ціна (-ни) F	price
ведмедя (-яти) N	bear-cub		білет (-а) M	ticket
лев (-а) M	lion		вступ (-у) M	entrance
львиця (-ці) F	lioness		низький (-ка,-ке)	low
левеня (-яти) N	lion-whelp		курча (-яти) N	chicken, pullet
слон (-а) M	elephant		рам'я (-мени) N	arm, shoulder
слоня (-яти) N	elephant-calf		вим'я (-мени) N	udder
верблюд (-а) M	camel		бо	as, because
жирафа (-фи) F	giraffe		стрем'я (-мени) N	stirrup
носоріг (-рога) M	rhinoceros		горня (-яти) N	mug
малпа (-пи) F	monkey		хлоп'я (-яти) N	little boy
малпеня (-яти) N	little monkey		потік (-тока) M	brook, stream
дикий (-ка,-ке)	wild		ходити (-джу,-диш)	to walk
хижак (-а) M	beast of prey		радіти (-ію,-ієш)	to be glad
крілик (-а) M	rabbit		звіря (-яти) N	animal
птаха (-хи) F	bird		дитя (-яти) N	child

ДВАДЦЯТЬ ТРЕТЯ ЛЕКЦІЯ   TWENTY THIRD LESSON

The Adjective (Soft and Hard)
The Past Tense

Барви (Кольори).

Людське око відрізняє такі барви (кольори), як: біла, чорна, червона, зелена, сіра, голуба, синя, брунатна, рожева, фіолетна й жовта.

Папір білий. Чорнило чорне, червонило червоне. Трава й листя на весні й у літі зелені, в осені жовті й брунатні. Небо вранці й увечері синє, в полудне голубе. Замість: голубе небо, кажуть теж: блакитне небо.

Мій пе́рстень золоти́й, твій срі́бний. Бра́това крава́тка те́мно-си́ня, ма́йже ґрана́това. В огоро́ді різнобарвні квітки́. Ве́рхня ба́рва, матері́ї си́ня, спі́дня я́сно-жо́вта. Украї́нський пра́пор жо́вто-блаки́тний. Герб Украї́ни блаки́тне тло й золоти́й тризу́б.

I. Apart from h a r d a d j e c t i v e s (see Lesson 3) there are also in Ukrainian s o f t a d j e c t i v e s. The endings of soft adjectives are:

m a s c u l i n e: -ій : си́ній, ве́рхній, спі́дній
f e m i n i n e: -я : си́ня, ве́рхня, спі́дня
n e u t e r: -є : си́нє, ве́рхнє, спі́днє
In the plural all soft adjectives end in -і : си́ні, ве́рхні, спі́дні

В е ч і р.

Садо́к вишне́вий ко́ло ха́ти,
Хрущі́ над ви́шнями гуду́ть,
Плугатарі́ з плуга́ми йду́ть,
Співа́ють, іду́чи, дівча́та,
А матері́ вече́рять ждуть.

Сім'я́ вече́ря ко́ло ха́ти,
Вечі́рня зі́ронька встає́;
Дочка́ вече́рять подає́,
А ма́ти хо́че науча́ти,
Так солове́йко не дає́.

Покла́ла ма́ти ко́ло ха́ти
Мале́ньких діточо́к свої́х,
Сама́ засну́ла ко́ло їх.
Зати́хло все.... Ті́лько дівча́та
Та солове́йко не зати́х.

Тара́с Шевче́нко.

2. The p a s t t e n s e of verbs is formed from the infinitive. In place of the infinitive's ending -ти (or poetical -ть) verbs with stems ending in vowels take the following endings in the past tense:

m a s c u l i n e: -в : дав, знав

f e m i n i n e: -ла : дала́, зна́ла

n e u t e r: -ло : дало́, зна́ло

All genders have in the plural the ending -ли : дали́, зна́ли

3. Verbs with stems ending in a consonant have in the masculine gender of the past tense no -в ending. Otherwise they are conjugated in the same way as the verbs ending in vowels.

        па́сти -to tend cattle: пас (па́сла, па́сло, па́сли)

        не́сти -to carry   : ніс (несла́, несло́, несли́)

4. When the verb is in the past tense the personal pronoun я, ти, він, вона́, воно́, ми, ви, вони́ is always used. It is most important to indicate the gender.

5. Notice that the Ukrainian past tense fulfills the function of the English Past, Past Continuous, and Past Perfect.

E x e r c i s e

C o n j u g a t e the following verbs in the present and past tense:

        бра́ти, співа́ти, вече́ряти, па́сти

T r a n s l a t e: My hat is brown. Your hat is yellow. Our brother was little, but now he is big. We had our supper in the summer house. My father knew many tales. My sister had a cat. I had a cat and a dog. My brother had a fox-cub. In summer cows and horses grazed in the field. Last night I worked late.

I d i o m s.

        Піти́ в непа́м'ять.   To fade into obscurity.

        Нічо́го не шко́дить.   It does not matter.

V o c a b u l a r y.

ба́рва (-ви)F	color	фіоле́тний (-на,-не)	violet
ко́льор (-у)M	color	жо́втий (-та,-те)	yellow
відрізня́ти (-я́ю,-я́єш)	to distinguish	папі́р (-е́ру)M	paper
сі́рий (-ра,-ре)	grey	червони́ло (-ла)N	red ink
голуби́й (-ба́,-бе́)	blue	не́бо (-ба)N	sky
си́ній (-ня,-нє)	blue	блаки́тний (-на,-не)	sky-blue
бруна́тний (-на,-не)	brown	пе́рстень (-сня)M	ring
роже́вий (-ва,-ве)	pink	срі́бний (-на,-не)	silver(y)

темно-синій (-ня,-нє)	deep blue	ждати (жду,ждеш)	to wait
ґранатовий (-ва,-ве)	navy blue	вечірній (-ня,-нє)	evening
різнобарвний (-на,-не)	many-colored	зіронька (-ки)F	starlet
квітка (-ки)F	flower	хотіти (хочу,хочеш)	to wish, to desire
верхній (-ня,-нє)	upper	научати (-аю,-аєш)	to teach
матерія (-ії)F	cloth	соловейко (-ка)M	nightingale
спідній (-ня,-нє)	lower	покласти (past. поклав, -лала,-лало)	to lay down
ясно-жовтий (-та,-те)	bright yellow	маленький (-ка,-ке)	very little, tiny
жовто-блакитний (-на,-не)	yellow and blue	діточки (-чок)PL (dim)	children
герб (-у)M	coat of arms	своїх	(her) own
тло (-ла)N	background	не дає	allows not
тризуб (-а)M	trident	сам (сама,саме)	(one) self
вишневий (-ва,-ве)	cherry (adj)	заснути (past.заснув, -ла,-ло)	to fall asleep
хрущ (-а)M	may-fly	коло їх	near them
вишня (-ні)F	cherry (n)	все	everything, all
гудіти (гуду,гудиш)	to buzz	затихнути (past. затих, -хла,-хло)	to become quiet
плугатар (-ря)M	plowman	тілько = тільки	only
плуг (-а)M	plow	пасти (пасу,пасеш)	to tend cattle
ідучи	going (present participle)	нести (несу,несеш)	to carry
сім'я (-м'ї)F	family	пастися (-суся,-сешся)	to graze
вечеряти (-яю,-яєш)	to have supper		

ДВАДЦЯТЬ ЧЕТВЕРТА ЛЕКЦІЯ   TWENTY FOURTH LESSON

The Adjective - Degrees of Comparison

Осінь.

По літі наступає холодніша осінь. Минули вже літні спеки, прогуділи літні бурі, в природі - як каже Іван Франко - " мов розлилось дрімоти сонне море". І справді осінь українська, найбагатша пора року, пливе спроквола, повільна, повільніша як тихий хід Дністра чи Дунаю. В садах гнуться додолі вантажні дерева, на обійстях копичаться повні стоги та обороги, на полях найпізніші хліборобські плоди дожидаються збору.

Дні щораз коротші, ночі щораз довші. Перелетні птахи прощаються квилінням у дорозі в тепліші краї. Надворі щораз частіші дощі. Ось як описує Михайло Коцюбинський негоду в осені:

" Ідуть холодні дощі. Холодні осінні тумани клубочаться вгорі й спускають на землю мокрі коси. Пливе в сірі безвісті нудьга, пливе безнадія. І стиха хлипає сум. Плачуть голі дерева, плачуть солом'яні стріхи, вмивається сльозами убога земля і не знає, коли осьміхнеться."

1. The second (c o m p a r a t i v e) degree of Ukrainian adjectives is formed by adding to their stems the endings -ший (-ша,-ше) or -іший (-іша,-іше). The latter endings occur mostly when the stem ends in two or more consonants.

E.g.   positive: comparative:

A. багáтий (-та,-те) - rich   багáтший (-ша,-ше) - richer
    старúй (-рá,-рé) - old   стáрший (-ша,-ше)
    швидкúй (-кá,-кé) - fast   швúдший (-ша,-ше)

B. повíльний (-на,-не) - slow   повíльніший (-іша,-іше)
    пíзній (-ня,-нє) - late   пізнíший (-іша,-іше)
    тéплий (-ла,-ле) - warm   теплíший (-іша,-іше)

2. The ending -ший (-ша,-ше) is changed to -чий (-ча,-че) when preceded by a stem ending in г, ж, з(ь), while the г, з(ь) becomes ж.

-гий: дорогúй (-гá,-гé) - dear   дорóжчий (-жча,-жче)
-зький: блúзький (-ка,-ке) - near   блúжчий (-жча,-жче)
-зький: низькúй (-кá,-кé) - low   нúжчий (-жча,-жче)

3. After stems ending in -с we get the comparative ending -щий (-ща,-ще) as a result of melting together of с and ш.

    висóкий (-ка,-ке) - high   вúщий (-ща,-ще)
    крáсний (-на,-не)- beautiful   крáщий (-ща,-ще)

4. The following adjectives have irregular degrees of comparison:

    дóбрий (-ра,-ре)   - good   лíпший (-ша,-ше)
                                     or: лýччий (-ча,-че)
                                     or: крáщий (-ща,-ще)
    злий (зла,зле)   - bad   гíрший (-ша,-ше)
    велúкий (-ка,-ке) - big   бíльший (-ша,-ше)
    малúй (-лá,-лé)   - small   мéнший (-ша,-ше)

Also the following adjectives form irregular endings from their original stems:

ширóкий (-ка,-ке)	- wide	шúрший (-ша,-ше)	
дóвгий (-га,-ге)	- long	дóвший (-ша,-ше)	
легкий (-кá,-кé)	- light	лéгший (-ша,-ше)	

5. The third (s u p e r l a t i v e) degree of comparison is formed by adding the prefix най- in front of the adjective in the comparative degree:

positive:		comparative:		superlative:	
багáтий	- rich	багáтший	- richer	**най**багáтший	- richest
тéплий	- warm	теплíший	- warmer	**най**теплíший	- warmest
швидкий	- fast	швидший	- faster	**най**швидший	- fastest
висóкий	- high	вищий	- higher	**най**вищий	- highest
низький	- low	нижчий	- lower	**най**нижчий	- lowest

6. In sentences expressing comparison the English than is rendered in Ukrainian by як, ніж, від, чим, за.

   П р и п о в і д к и: Ближча сорóчка тíлу, як кожух.

                         Час - найкращий лікар.

E x e r c i s e

F o r m   second and third degrees of comparison from all adjectives occurring in Lesson 23. Use the following sentences as examples:

                Сад великий   -   ліс бíльший.

                Мій радіоапарáт великий - твій мéнший.

                Нáше áвто гарнíше й бíльше, як вáше.

T r a n s l a t e: In summer, nights are shortest, days longest. Which scarf is more beautiful - the yellow or the green one? Our car is bigger than yours. Which is dearer : gold or silver? The road to Kiev is wider than the one to Lviw. The widest and longest river in the Ukraine is Dnieper. The greatest Ukrainian poet is Taras Shevchenko. Poltava is smaller than Kharkiw. New York is bigger than Chicago. The most famous Ukrainian king was Daniel. The cossacks were most valiant.

Idioms.

Це мені лежить на серці. I have it at heart.
Обертати все в жарт. To make a joke of everything.

Vocabulary.

наступа́ти (-а́ю,-а́єш)	to follow
холо́дний (-на,-не)	cool, cold
мину́ти (past. мину́в, -у́ла,-у́ло)	to pass, to go by
лі́тній (-ня,-нє)	summer (adj)
прогуді́ти (past. прогуді́в, -і́ла,-і́ло)	to pass with a rush
приро́да (-ди) F	nature
як	as, like, than
Франко́ (-ка́)	Franko
мов, немо́в	
розли́тися (past. розли́вся, -лила́ся,-лило́ся)	to overflow
дрімо́та (-ти) F	sleepiness
со́нний (-на,-не)	drowsy, sleepy
спра́вді	really
бага́тий (-та,-те)	rich
пливти́ (пливу́,пливе́ш)	to flow
спрокво́ла	slowly
пові́льний (-на,-не)	slow, tranquil
ти́хий (-ха,-хе)	quiet, placid
хід (хо́ду) M	motion
гну́тися (гну́ся,гне́шся)	to bend oneself
додо́лі	down
вантажний (-на,-не)	heavily laden
Дністе́р (-тра́) M	Dnister
чи	or
Дуна́й (-а́ю) M	Danube
обійстя́ (-тя́) N	farmyard
копи́читися (-чуся,-чишся)	to heap upon
по́вний (-на,-не)	full
стіг (сто́га) M	stack
обо́ріг (-ро́га) M	haystack
пі́зній (-ня,-нє)	late (adj)
хліборо́бський (-ка,-ке)	agricultural
плід (пло́ду) M	produce
дожида́тися (-а́юся,-а́єшся)	to wait for
збір (збо́ру) M	harvest
щораз	ever, more
переле́тний (-на,-не)	migratory
проща́тися (-а́юся,-а́єшся)	to bid farewell
квилі́ння (-ня) N	wailing
те́плий (-ла,-ле)	warm
ча́стий (-та,-те)	frequent
дощ (-у́) M	rain
ось!	here, here it is
опи́сувати (-сую,-суєш)	to describe
Миха́йло (-ла)	Michael
Коцюби́нський (-ого)	Kotsyubinsky
осі́нній (-ня,-нє)	fall, autumnal
тума́н (-а) M	mist, fog
клубо́читися (-чуся,-чишся)	to gather into a ball
вгорі́	above
спуска́ти (-а́ю,-а́єш)	to let down
коса́ (-си́) F	braid
бе́звість (-ти) F	nowhere
нудьга́ (-ги́) F	weariness, ennui
безнаді́я (-ї́ї) F	hopelessness
сльоза́ (-зи́) F	tear
сти́ха	quietly
хлі́пати (-аю,-аєш)	to whimper
сум (-у) M	sadness, sorrow
соло́м'яний (-на,-не)	straw (adj)
стрі́ха (-хи) F	thatched roof
го́лий (-ла,-ле)	naked, bare
вмива́тися (-а́юся,-а́єшся)	to wash oneself
убо́гий (-га,-ге)	poor
коли́	when
осміхне́ться	will smile
швидки́й (-ка́,-ке́)	fast, quick
дале́кий (-ка,-ке)	distant
дороги́й (-га́,-ге́)	dear
близьки́й (-ка́,-ке́)	near
висо́кий (-ка,-ке)	high, tall
кра́сний (-на,-не)	beautiful
легки́й (-ка́,-ке́)	light, easy
ті́ло (-ла) N	body
кожу́х (-а́) M	furcoat

Dnieper	Дніпро́ (-ра́)
poet	поет (-а) M
Daniel	Дани́ло (-ла)
famous	сла́вний (-на,-не)
king	коро́ль (-ля́) M
Poltava	Полта́ва (-ви)
gold	зо́лото (-та) N
silver	срі́бло (-ла) N
New York	Нью-Йо́рк
Chicago	Шіка́го
valiant	хоро́брий (-ра,-ре)

ДВАДЦЯТЬ П'ЯТА ЛЕКЦІЯ   TWENTY FIFTH LESSON

The Adjective   (Hard and Soft Declension)

Степ.[x]

Блакитне небо, мов дугасте море,
Безоднею порожньою стоїть,
Під сонцем степ, козацьке Дике Поле,
Огнем переливається, жахтить.

Гарячий вітер хилить-нахиляє
Траву хвилясту стиха до землі,
І в прозірній, золоченій імлі
Даль степова мов тоне, пропадає.

Понад безкраїм полем жар німий
Переливається, пливе високо;
Розтоплюється воздух осяйний
Тіснить у грудях зір і сліпить око.

Дивлюсь кругом: не фарбами-огнями
Картина світо-іскрява горить;
Над нею любо попід небесами
Музика, мов срібло тонке, дзенить.

То жайворонок, лірник одинокий
Зайняв відрадну серцю вишину,
І звеселяє світ шумно-широкий
Співаючи про волю і весну.

Німує степ: йому байдуже воля,
Це немовлятко сонне в сповитку
Судилась велетню дрімлива доля
На довгому, порожньому віку.

Закутавсь у свої зелені шати,
Пахучі мовчки нюхає квітки;
Над ним по вітру носяться крилаті
Метелики, мов марево, легкі...

Панько Куліш.

---

[x] This poem, as well as other selections from Ukrainian poetry and prose in the remaining lessons, are introduced primarily as r e a d i n g   texts. They should be studied, therefore, rather as examples of advanced syntax and more extensive vocabulary than as illustrations of particular points of grammar.

I. **Adjectives are declined in the following manner:**

HARD:

	singular			plural
nom.	MASC: гáрний - beautiful	FEM: гáрна	NEUT: гáрне	ALL GENDERS: гáрні
gen.	гáрного	гáрної	гáрного	гáрних
dat.	гáрному	гáрній	гáрному	гáрним
acc.	гáрного, -ий	гáрну	гáрне	гáрних, -і
voc.	гáрний	гáрна	гáрне	гáрні
inst.	гáрним	гáрною	гáрним	гáрними
loc.	(в)гáрному, -ім	(в)гáрній	(в)гáрному, -ім	(в)гáрних

SOFT:

nom.	синій - blue	синя	синє	сині
gen.	синього	синьої	синього	синіх
dat.	синьому	синій	синьому	синім
acc.	синього, -ій	синю	синє	синіх, -і
voc.	синій	синя	синє	сині
inst.	синім	синьою	синім	синіми
loc.	(в)синьому, -ім	(в)синій	(в)синьому, -ім	(в)синіх

2. Remember that adjectives must always agree in person, gender, and number with the noun to which they refer (cf. Lesson 3).

For that reason the accusative singular is either the same as the genitive (when accompanying nouns referring to persons), or as the nominative (with nouns referring to inanimate objects). In the plural the accusative is the same as the genitive only when in connection with masculine nouns referring to persons.

e.g. мáю дóброго сúна   мáю дóбрих синíв
      / I have a good son/   / I have good sons/

      мáю дóброго пса   мáю дóбрі пси
      / I have a good dog/   / I have good dogs/

ма́ю до́бру дочку́	ма́ю до́брі до́чки
/ I have a good daughter/	/ I have good daughters/
ма́ю до́бре ши́ло	ма́ю до́брі ши́ла
/ I have a good awl/	/ I have good awls/

П р и п о в і д к и́ :   Даро́ваному коне́ві не ди́вляться в зу́би.

До́брій люди́ні до́бра й па́м'ять.

Лихі́ товариші́ не прова́дять на до́брі доро́ги.

E x e r c i s e

D e c l i n e : широ́кий степ, хоро́брий воя́к, найдо́вша доро́га, га́рна кни́жка, я́сне со́нце, си́нє мо́ре.

W r i t e a paraphrase of Kulish's poem.

I d i o m s .

У ньо́го не всі вдо́ма.	He has a screw loose.
Це до нічо́го.	This is of no use.

V o c a b u l a r y .

дуга́стий (-та,-те)	rainbow like	понад	above, over
безо́дня (-ні) F	abyss, precipice	безкра́їй (-а́я,-а́є)	limitless
поро́жній (-ня,-нє)	empty	жар (-у) M	heat
під	under	німи́й (-ма́,-ме́)	dumb
Ди́ке По́ле	"Wild Country", no man's land	ви́соко	high up
		розто́плюватися (-юся,-єшся)	to melt
ого́нь = вого́нь M	fire	возду́х (-у) M	air
перелива́тися (-а́юся,-а́єшся)	to overflow	ося́йний (-на,-не)	radiant
жахті́ти (жахчу́,жахти́ш)	to sparkle	тісни́ти (-сню́,-сни́ш)	to throng, to crowd
гаря́чий (-ча,-че)	hot	гру́ди (-де́й) PL	breast, chest
ві́тер (-тру) M	wind	зір (зо́ру) M	vision, sight
хили́ти (-лю́,-лиш)	to bend down)trans.	круго́м	roundabout
нахиля́ти (-я́ю,-я́єш)	to bend down	сліпи́ти (-плю́,-пиш)	to dazzle, to blind
хвиля́стий (-та,-те)	wavy, undulating	диви́тися (-влю́ся,-вишся)	to look
до	to	фа́рба (-би) F	color
прозі́рний (-на,-не)	transparent	сві́то-і́скрявий (-ва,-ве)	resplendent, sparkling
золо́чений (-на,-не)	gilded		
імла́ (-ли́) F	mist	горі́ти (горю́,гори́ш)	to burn
даль (-лі) F	horizon, distance	над не́ю	over her
тону́ти (-ну́,-неш)	to sink	лю́бо	pleasantly
пропада́ти (-а́ю,-а́єш)	to vanish	по́під	under(neath)

небеса́ (-бе́с)PL	heaven(s)	суди́тися (-джу́ся,-дишся)	to be awarded
му́зика (-ки)F	music	ве́летень (-тня)М	giant
тонки́й (-ка́,-ке́)	thin, fine	дрімли́вий (-ва,-ве)	sleepy
дзвені́ти (-ню́,-ни́ш)	to ring	до́ля (-лі)F	destiny
жа́йворонок (-нка)М	lark	вік (-у)М	age, eternity
лі́рник (-а)М	lyreman, lyrist	заку́татися(-у́туюся,-у́туєшся)	to wrap oneself up
одино́кий (-ка,-ке)	solitary	у свої́	in one's own
зайня́ти (fut. -йму́,-ймеш)	to occupy	ша́та (-ти)F	robe, dress
відра́дний (-на,-не)	encouraging	паху́щий (-ща,-ще)	fragrant
се́рце (-ця)М	heart	мо́вчки	silently
вишина́ (-ни́)F	height	ню́хати (-аю,-аєш)	to smell
звеселя́ти (-я́ю,-я́єш)	to enliven	над ним	over it
світ (-у)М	world	носи́тися (ношу́ся,но́сишся)	to hover, to fly
шу́мно-широ́кий (-ка,-ке)	rushing-wide	крила́тий (-та,-те)	winged
співа́ючи	singing	мете́лик (-а)М	butterfly
про	about	ма́рево (-ва)N	phantom
во́ля (-лі)F	freedom	даро́ваний (-на,-не)	given as gift
німува́ти (-у́ю,-у́єш)	to become silent	па́м'ять (-ті)F	memory
йому́	(to) him	лихи́й (-ха́,-хе́)	evil, bad
байду́же	all the same	това́риш (-а)М	friend, comrade
немовля́тко (-ка)N	suckling baby	прова́дити (-джу,-диш)	to lead
спови́ток (-тка́)М	bundle, swaddling		

ДВА́ДЦЯТЬ ШО́СТА ЛЕ́КЦІЯ   TWENTY SIXTH LESSON

The Adjective (Conclusion)

До мо́ря. /М.Ворони́й./

Чоло́м тобі́, си́нє, широ́кеє мо́ре!
Незгли́бна безо́дне, безме́жний просто́ре,
Могу́тняя си́ло - чоло́м!

Дивлю́сь я на те́бе - і не надивлю́ся,
Думка́ми скоря́юсь, душе́ю молю́ся,
Співа́ю вели́чний псало́м.

Міцне́, непобо́рне...Ні грому́, ні хма́ри
Не стра́шно тобі́, не бої́шся ти ка́ри,
Само́ собі́ ви́щий зако́н.

Звабли́ве, розкі́шне. В тобі́ й раюва́ння,
І мрі́я соло́дка, і вті́ха коха́ння
І лю́бий та ла́гідний сон.

Прийшо́в я до те́бе змарні́лий та бі́дний,
Проте́ ж не чужи́й, а близьки́й та рі́дний,
Тобі́ бо віддавна я свій.

І ось я з тобо́ю душе́ю злива́юсь,
В просто́рі блаки́тнім на хви́лях гойда́юсь
Втопа́ю в безо́дні твої́й.

Як ти неося́жне, хистке́, таємни́че,
Як ти чарівли́ве, як ти бунтівни́че, -
Така́ ж і душа́ у співця́.

Тому́ і до те́бе вона́ так прихи́льна,
Що тут і кайда́нів не зно́сить і ві́льна,
Бурха́є, як ти, без кінця́.

I. In poetry as well as in folksongs old forms of adjectives appear. The most frequent among them are:

a. FEMININE:

                                                poetical   regular

nom. and voc. singular: -ая   : добрая - good ; добра

                                         : синяя - blue ; синя

accusative singular: -ую   : добрую   ; добру

                                  : синюю   ; синю

nom. acc. and voc. plural: -ії : добрії   ; добрі

                                    : синії   ; сині

NEUTER:

nom. acc. and voc. singular: -еє : доброє   ; добре

                                    : синєє   ; синє

nom. acc. and voc. plural: - ії : добрії   ; добрі

                                   : синії   ; сині

The above "longer" forms can be formed from nearly all adjectives.

b. Masculine adjectives take sometimes a "shorter" form in the nominative singular:

               готов (готовий)   - ready

               здоров (здоровий) - healthy

               варт (вартий)   - worth

               ласкав (ласкавий) - kind

c. Some "shorter" forms have the "missing e":

               ясен (ясний)   - bright

               певен (певний)   - certain

               повен (повний)   - full

               винен (винний)   - guilty

d. Adjectives denoting **p o s s e s s i o n** (in English expressed by the genitive /possessive/ of a noun) and ending in -овий, -евий may have the ending -ів which is the result of the "i-sound change."

e.g.
    батьків (батьковий) - father's
    синів (синовий) - son's
    ковалів (ковалевий) - blacksmith's
    учителів (учителевий) - teacher's

E x e r c i s e I

D e c l i n e: батьків капелюх /father's hat/ учителева книжка /teacher's book/ батькова шапка /father's cap/ ковалеве дерево /blacksmith's tree/ учителів син / teacher's son/ братове авто /brother's car/

C o m p l e t e the following sentences by putting the adjectives (in brackets) in their correct case and gender:

Твоя доля (козацький) в (далекий) краю - співають у пісні. У (синій) морі човен потапає. Ти приходиш у (добрий) годину. Ми ідемо з (далекий) дороги. В (здоровий) тілі, (здоровий) душа. (Минулий) року по (пізній) осені була (гарний) погода.

2. Masculine <u>proper nouns</u> which have adjective endings are declined in the following manner:

SINGULAR

<u>nom.</u>	Богданів	Матвіїв	Львів	Київ
<u>gen.</u>	Богданова	Матвієва	Львова	Києва
<u>dat.</u>	Богданову	Матвієву	Львову	Києву
<u>acc.</u>	Богданова	Матвієва	Львів	Київ
<u>voc.</u>	Богданове	Матвієве	Львове	Києве
<u>inst.</u>	Богдановим	Матвієвим	Львовом	Києвом
<u>loc.</u>	(в)Богданові	(в)Матвієві	(у)Львові	(в)Києві

PLURAL

nom.	Богда́нови	Матві́єви
gen.	Богда́нових	Матві́євих
dat.	Богда́новим	Матві́євим
acc.	Богда́нових	Матві́євих
voc.	Богда́нови	Матві́єви
inst.	Богда́новими	Матві́євими
loc.	(в)Богда́нових	(в)Матві́євих

Placenames Львів (Lviw) and Київ (Kiev) are in fact adjective forms of proper nouns: Львів from Лев
  Ки́їв from Кий

Similarly to Богда́нів are declined Драгома́нов, За́йцев and other surnames ending in -ов or -ев ; also : Гаврили́шин, Романи́шин, Семчи́шин....

Surnames mentioned above as well as those ending in -ук,-енко,-кий are the most common Ukrainian surnames.

3. Surnames ending in -ський,-цький are declined like ordinary adjectives.

4. Adjectives fulfilling the function of nouns are declined as adjectives:

  хору́жий - ensign   : хору́жого, хору́жому.......
  відчіпне́ - pittance   : відчіпно́го, відчіпно́му......
  братова́- sister-in-law : братово́ї, братові́й.......

П р и п о в і д к и́ :   Хто ви́нен, поку́тувати пови́нен. Хто го́ден, той не голо́ден. Пливе́ чо́вен води́ по́вен.

E x e r c i s e   II

T r a n s l a t e   the following fable:

T h e   g r e e d y   l i o n.

A hungry lion seized a little sheep and came with it to a deep river. In the clear water he saw his own picture. He thought that it was another lion. As our lion was very greedy, he wanted to take away the sheep from "the other lion." He jumped at "the other lion" but at the same time opened his (свою) jaws, and the ravished sheep fell into the water. Such was the punishment for the greedy lion.

Idioms.

    Вести́ не ма́нівці́.   To lead astray.
    Зійти́ на ма́нівці́.   To go astray.

Vocabulary.

чоло́м тобі́!	hail to thee!	хви́ля (-лі)F	wave
незгли́бний (-на,-не)	immeasurably deep	гойда́тися (-а́юся,-а́єшся)	to sway
про́стір (-ору)M	space	втопа́ти (-а́ю,-а́єш)	to sink
могу́тній (-ня,-нє)	mighty	твої́й (dat)	your
не надивлю́ся	I can not stop looking	неося́жний (-на,-не)	unattainable
ду́мка (-ки)F	thought	хистки́й (-ка́,-ке́)	shaky, uncertain
скоря́тися (-ря́юсь,-я́єшся)	to humble oneself	таємни́чий (-ча,-че)	mysterious
душа́ (-ші)	soul	чарівли́вий (-ва,-ве)	enchanting, charming
моли́тися (молю́ся,мо́лишся)	to pray	бунтівни́чий (-ча,-че)	rebellious
вели́чний (-на,-не)	sublime, grand	співе́ць (-вця́)M	singer, poet
псало́м (-лма́)M	psalm	тому́	therefore, because
міцни́й (-на́,-не́)	strong	прихи́льний (-на,-не)	favorable, kind favoring
непобо́рний (-на,-не)	invincible	кайда́ни (-нів)PL	chains
ні...ні = а́ні...а́ні	neither.... nor	зноси́ти (-ношу́,-но́сиш)	to bear, to tolerate
стра́шно	afraid		
тобі́ (dat)	you	ві́льний (-на,-не)	free
само́ собі́	it for itself	бурха́ти (-а́ю,-а́єш)	to rage
зако́н (-у)M	law	ва́рт(ий) (-та,-те)	worth(y)
зва́бливий (-ва,-ве)	attractive	ласка́в(ий) (-ва,-ве)	gracious, kind
розкі́шний (-на,-не)	lovely, gorgeous	пе́вен - пе́вний (-на,-не)	certain
в тобі́	in you	я́сен - я́сний (-на,-не)	bright
раюва́ння (-ня)N	life in paradise	по́вен - по́вний (-на,-не)	full
мрі́я (-і́ї)F	dream, vision	ви́нен - ви́нний (-на,-не)	due, guilty
соло́дкий (-ка,-ке)	sweet	пови́нен (-на,-не)	bound, obliged
вті́ха (-хи)F	joy, pleasure	здоро́в(ий) (-ва,-ве)	healthy
коха́ння (-ня)N	love	поку́тувати (-тую,туєш)	to do penance to expiate
лю́бий (-ба,-бе)	darling		
ла́гідний (-на,-не)	soft, gentle	голо́ден - голо́дний (-на,-не)	hungry
прийшо́в я	I came	ковалі́в (-ле́ва,-ле́ве)	blacksmith's
до те́бе	to you	учи́телів (-лева,-леве)	teacher's
змарні́лий (-ла,-ле)	haggard, (care)worn	учи́тель (-ля)M	teacher
бі́дний (-на,-не)	poor, dejected	потапа́ти (-а́ю,-а́єш)	to sink
проте́	nevertheless	прихо́дити (-джу,диш)	to come
чужи́й (-жа́,-же́)	alien, foreign	годи́на (-ни)F	hour
рі́дний (-на,-не)	native, own	говори́ти (-рю́,-ри́ш)	to speak
віддавна́	for a long time	Богда́нів (-ова)	Bohdaniv, Bohdan's
свій,своя́,своє́	one, one's own	Матві́їв (-і́єва)	Matviev, Matthew's
з тобо́ю	with you	Драгома́нов (-ова)	Drahomanov
злива́тися (-а́юся,-а́єшся)	to interflow, to mix	За́йцев (-ева)	Zaytsev

Гаврили́шин (-а)	Havrylyshyn	picture	о́браз (-у)M
Романи́шин (-а)	Romanyshyn	to think	ду́мати (-аю,-аєш)
Семчи́шин (-а)	Semchyshyn	another	і́нший (-ша,-ше)
хору́жий (-ого)M	ensign	to take away	відібра́ти (past. відібра́в,-ра́ла,-ра́ло)
відчіпне́ (-о́го)N	pittance		
братова́ (-о́ї)F	sister-in-law	to jump	ско́чити (past скочив,-чила,-чило)
безме́жний (-на,-не)	limitless		
greedy	захла́нний (-на,-не)	to open	відчини́ти (past. відчини́в,-ни́ла,-ни́ло)
to seize	пірва́ти (past. пірва́в,-ла,-ло)		
		jaws	паще́ка (-ки)F
deep	глибо́кий (-ка,-ке)	to fall	впа́сти (past. впав,-ла,-ло)
ravished	пі́рваний (-на,-не)		

ДВА́ДЦЯТЬ СЬО́МА ЛЕ́КЦІЯ   TWENTY SEVENTH LESSON

Personal Pronouns

Formation of Adverbs

Мені́ тринадця́тий мина́ло...

Мені́ тринадця́тий мина́ло -

Я пас ягня́та за село́м.

Чи то так со́нечко сія́ло,

Чи так мені́ чого́ було́ -

Мені́ так лю́бо, лю́бо ста́ло,

Нена́че в Бо́га.........

. . . .

Та недо́вго со́нце гріло,

Не до́вго моли́лось;

Запекло́, почервоні́ло

І рай запали́ло.

Мов проки́нувся - дивлю́ся:

Село́ почорні́ло,

Бо́же не́бо голубе́є -

І те помарні́ло.

Погля́нув я на ягня́та -

Не мої́ ягня́та;

Оберну́вся я на ха́ти -

Нема́ в ме́не ха́ти.

Не дав мені́ Бог нічо́го!

І хли́нули сльо́зи...

Тяжкі́ сльо́зи.... А ді́вчина,

При само́й доро́зі,

Недале́ко ко́ло ме́не

Пло́скінь вибира́ла

Тай почу́ла, що я пла́чу:

Прийшла́, привіта́ла,

Утира́ла мої́ сльо́зи,

Тай поцілува́ла...

Нена́че со́нце засія́ло,

Нена́че все на сві́ті ста́ло

Моє́: лани́, гаї́, сади́...

І ми, жарту́ючи, погна́ли

Чужі́ ягня́та до води́.

. . . .

   Тара́с Шевче́нко.

1. Personal pronouns are declined in the following manner:

SINGULAR

nom.	я - I	ти - you (thou)	він - he	вона́ - she	воно́ - it
gen.	мене́	тебе́	його́	її́	його́
dat.	мені́	тобі́	йому́	їй	йому́
acc.	мене́	тебе́	його́	її́	його́
voc.	я	ти			
inst.	мно́ю	тобо́ю	ним	не́ю	ним
loc.	(в)мені́	(в)тобі́	(в)ньо́му, or:(в)нім	(в)ній	(в)ньо́му, or:(в)нім

PLURAL

nom.	ми - we	ви - you	вони́ - they
gen.	нас	вас	їх
dat.	нам	вам	їм
acc.	нас	вас	їх
voc.	ми	ви	
inst.	на́ми	ва́ми	ни́ми
loc.	(в)нас	(в)вас	(в)них

2. Personal pronouns immediately preceded and governed by a preposition change their stress in the genitive, dative, and accusative singular from the last to the last but one syllable.

Thus:

Бою́ся тебе́, не люблю́ тебе́ - але́ не втіка́ю від те́бе.

Мене́ не було́ вве́чері вдо́ма; в ме́не була́ ору́дка до мі́ста.

Мені́ ду́же гаряче́; вже й соро́чка на ме́ні мо́кра від по́ту.

Тобі́ здає́ться, що мені́ на тобі́ ду́же зале́жить; це са́ме тобі́ на ме́ні зале́жить.

Йому́ було́ до́бре, до́ки в йо́го були́ ба́тько та ма́ти.

Від йо́го до те́бе одна́кова доро́га, як від те́бе до йо́го.

3. The following forms can be used when його, йому are immediately preceded by a preposition:

    Instead of   до його   we can say: до нього

                 ік йому   ік ньому

                 на йому   на ньому

In the feminine gender, however, only the following forms are possible:
        до неї , на ній

Similarly, instead of   коло їх   we can say: коло них

                         ік їм   ік ним

4. Most <u>adverbs are formed from adjectives</u> and end in -o:

        <u>adj</u>: далекий   <u>adv</u>. далек<u>о</u>

             барвистий   барвист<u>о</u>

             білявий   біляв<u>о</u>

             чорний   чорн<u>о</u>

             гарний   гарн<u>о</u>

5. A few adverbs have the ending -e:

             дужий   дуже

             добрий   добре

             (дуже добре - very well)

6. Adverbs formed from adjectives stressed on the last syllable have the stress moved to an earlier syllable:

             дорогий   дорого

             палкий   палко

             старий   старо

             голосний   голосно

Similarly:

             короткий   коротко

             високий   високо

             здоровий   здорово

7. Adverbs formed from adjectives have similar degrees of comparison to those of adjectives. In the comparative and superlative degree they end in -e for all genders.

POSITIVE	COMPARATIVE	SUPERLATIVE
шви́дко	шви́дше	найшви́дше
ши́роко	ши́рше	найши́рше
дале́ко	да́льше	найда́льше
до́рого	доро́жче	найдоро́жче
ле́гко	ле́гше	найле́гше

Exercise

F o r m adverbs from the irregular adjectives mentioned in Lesson 24, Par.4.

C o m p l e t e the following sentences by adding the comparative degree of the appropriate adjective in the dotted space:

Мі́сяць сві́тить я́сно, со́нце ще.......... - Рі́чка Дніпро́ пливе́ пові́льно, Дуна́й ще............- До Льво́ва дале́ко, до Ки́єва ще............ - Із Оде́си до Кри́му бли́зько, із Микола́єва ще............- Козаки́ боро́лись .... від тата́р. - Ге́тьман Мазе́па жив ....(пі́зно).. як коро́ль Дани́ло; йому́ було́ не......(добре).... в боротьбі́ з москаля́ми, як Дани́лові в боротьбі́ з татарво́ю.

T r a n s l a t e : He gave this book to me, not to her. We have to walk far to school (Нам дале́ко...). He loved her passionately. The faster we drive the sooner we shall be home. The girl greeted them with all her heart. This is the easiest way to paradise. He turned to me quickly. They were not at home last night. How brightly shines the sun on the sea. It is better to give than to receive.

I d i o m s .

   Йому́ зроби́лося недо́бре.   He felt unwell.
   Сповни́ти обо́в'язок.   To fulfill an obligation.

Vocabulary.

тринадцятий (рік)	thirteenth (year)
минати (-аю, -аєш)	to pass
ягня (-яти) N	lamb
сонечко (-ка) N (dim)	sun
за	beyond
так	so
сіяти (-яю, -яєш)	to shine
чого	why
стати (fut. -ану, -анеш)	to become
неначе	like, as if
та	but
гріти (-ію, -ієш)	to warm, to be out
запекти (fut. -печу, -печеш)	to scorch
рай (-ю) M	paradise
почервоніти (fut. -ію, -ієш)	to redden
запалити (- fut. -лю, -лиш)	to set on fire
прокинутися (fut. -уся, -ешся)	to awake suddenly
почорніти (fut. -ію, -ієш)	to turn black
помарніти (fut. -ію, -ієш)	to shrink
те	that
поглянути (fut. -у, -еш)	to look
мої PL	my
обернутися (fut. -нуся, -нешся)	to turn round
нічого	nothing
хлинути (-ну, -неш)	to stream
тяжкий (-ка, -ке)	heavy, sad
самій дорозі (loc)	road itself
недалеко	not far
плоскінь (-кoні) F	hemp
вибирати (-аю, -аєш)	to take out, to pick
тай	and
почути (fut. -чую, -чуєш)	to hear
прийшла	she came
привітати (fut. -аю, -аєш)	to greet
утирати (-аю, -аєш)	to wipe
поцілувати (fut. -ую, -уєш)	to kiss
засіяти (fut. -іяю, -іяєш)	to begin to shine again
лан (-у) M	field
жартуючи	jokingly
погнати (past. -ав, -ала, -ало)	to drive
я	I
ти	you (thou)
він	he
вона	she
воно	it
ми	we
ви	you
вони	they
втікати (-аю, -аєш)	to flee, to run away
орудка (-ки) F	small business
гаряче	warm
піт (поту) M	sweat
здаватися (здаюся, здаєшся)	to seem, to appear
залежати (-жу, -жиш)	to depend on somebody
однаковий (-ва, -ве)	the same, equal
ік = до	to
доки	until
барвистий (-та, -те)	colorful
білявий (-ва, -ве)	whitish
дужий (-жа, -же)	powerful, strong
палкий (-ка, -ке)	passionate, fiery
голосний (-на, -не)	loud
місяць (-ця) M	moon
світити (свічу, світиш)	to shine
Миколаїв (-аєва) M	Mykolayiv
боротися (борюся, борешся)	to fight
скоріше	sooner
гетьман (-а) M	hetman
Мазепа (-пи)	Mazeppa
Данило (-ла)	Daniel
боротьба (-би) F	fight, battle
москаль (-ля) M	Muscovite
татарва (-ви) F	Tartars

ДВАДЦЯТЬ ВОСЬМА ЛЕКЦІЯ   TWENTY EIGHTH LESSON

Reflexive and Possessive Pronouns

Зима.

Кожна пора року має свій чар. Коли проминуло палке літо зі своєю насиченою красою, коли пройшла спокійна осінь із своєю плодовитістю, наступає холодна зима із білою габою снігу, морозами, льодом і вітрами.

В зимі дні найкоротші, ночі найдовші. Сонце в погідні дні тільки слабо огріває землю, зате іскряться до нього мільярди сніжинок і сліплять наші очі. Погідний день віщує по собі звичайно морози в ночі. Часом вітер приносить із собою снігові хмари й тоді цілими днями паде сніг, надворі заметіль, кучугури снігу. Часом же сніг паде м'яко, тихо, легко і спроквола, вкриває собою поля, луги й діброви, та вибілює в місті доми й вулиці.

Зима - час святок: Різдвяних, Нового Року з його навечер'ям - Маланкою. В Україні на окрему згадку заслуговує свято Водохрищів (або Йордану), коли то скрізь святять воду по криницях, ставках, річках та потоках.

I. The reflexive pronoun is used in Ukrainian only in the following cases:

gen.	себе	; after prepositions:	(до) себе
dat.	собі	" "	(ік) собі
acc.	себе, ся	" "	(на) себе
inst.	собою		
loc.	(в)собі		

Contrary to English usage, one such form of reflexive pronoun is used with the same subject for all three persons and genders, and is the same in the singular and plural:

ENGLISH	UKRAINIAN
I wash myself	(я) миюся
you wash yourself	(ти) миєшся
he (she, it) washes himself (herself, itself)	(він, вона, воно) миється
we wash ourselves	(ми) миємося
you wash yourselves	(ви) миєтеся
they wash themselves	(вони) миються

ENGLISH	UKRAINIAN
I desire for myself	(я) бажа́ю собі́
you desire for yourself	(ти) бажа́єш собі́
he (she, it) desires for himself (herself, itself)	(він, вона́, воно́) бажа́є собі́
we desire for ourselves	(ми) бажа́ємо собі́
you desire for yourselves	(ви) бажа́єте собі́
they desire for themselves	(вони́) бажа́ють собі́
I take it upon myself	(я) беру́ це на себе
you take it upon yourself	(ти) бере́ш це на себе
he (she, it) takes it upon himself (herself, itself)	(він, вона́, воно́) бере́ це на себе
we take it upon ourselves	(ми) беремо́ це на себе
you take it upon yourselves	(ви) берете́ це на себе
they take it upon themselves	(вони́) беру́ть це на себе

2. The possessive pronouns are declined in the following manner:

	singular			plural
nom.	MASC: мій -my FEM: моя́		NEUT: моє́	ALL GENDERS: мої́
gen.	мого́	моє́ї	мого́	мої́х
dat.	мому́ (моє́му)	мої́й	мому́ (моє́му)	мої́м
acc.	мого́, мій	мою́	моє́	мої́х, мої́
voc.	мій	моя́	моє́	мої́
inst.	мої́м	моє́ю	мої́м	мої́ми
loc.	(в)мої́м, (в)мо́му, (в)моє́му	(в)мої́й	(в)мої́м, (в)мо́му, (в)моє́му	(в)мої́х

In Ukrainian one form мій (моя́, моє́) conveys the English my and mine.

3. The pronoun свій (one's own) is used, similarly to себе, in the same form without regard to the person which governs it:

    (я) ма́ю свого́ пса   I have my own dog

    (ти) ма́єш свого́ пса   you have your own dog

    (він, вона́, воно́) ма́є свого́ пса   he (she, it) has his (her, its) own dog

    (ми) ма́ємо свого́ пса   we have our own dog

    (ви) ма́єте свого́ пса   you have your own dog

    (вони́) ма́ють свого́ пса   they have their own dog

4. Чий (чия́, чиє́) is declined similarly to мій:

	singular			plural
nom.	MASC: чий – whose	FEM: чия́	NEUT: чиє́	ALL GENDERS: чиї́
gen.	чийо́го	чиє́ї	чийо́го	чиї́х
dat.	чийо́му	чиї́й	чийо́му	чиї́м
acc.	чийо́го, чий	чию́	чиє́	чиї́х, чиї́
voc.	чий			чиї́
inst.	чиї́м	чиє́ю	чиї́м	чиї́ми
loc.	(в)чиї́м, (в)чийо́му	(в)чиї́й	(в)чиї́м, (в)чийо́му	(в)чиї́х

5. The possessive pronouns наш (на́ша, на́ше)(our), ваш (ва́ша, ва́ше)(your) are declined like hard adjectives; while їхній (їхня, їхнє) (their) follows the soft declension of adjectives.

Розмо́ва.

Чия́ це кни́жка: твоя́ чи її́?   – Це не моя́ кни́жка, це їхня.

Де ти був учо́ра із свої́м ба́тьком? – Ми були́ в на́ших знайо́мих.

Чи їхні ді́ти вже вели́кі?   – Так, вони́ вже повироста́ли, що ва́жко пізна́ти.

А як ва́ше здоро́в'я?   – Ду́же дя́кую, мені́ за́вжди мо́жна зави́дувати.

Чи ваш ба́тько теж таки́й здоро́вий? – Нажа́ль ні; він ма́є жу́ру із свої́м шлу́нком.

Ідіть з батьком до нашого лікаря, доктора Х.

Недалеко вашої дільниці, при вулиці Шевченка.

Доброго здоров'я! До побачення!

– Чув, чув; про нього добре говорять. Де живе цей ваш лікар?

– Так дуже вам дякую за вашу цінну пораду. До побачення!

Exercise

Translate the following story:

The lazy servant.

An officer heard at night how his batman (servant) was talking to himself: " Oh, I am so thirsty, but I do not want to leave my warm bed. It is better to suffer thirst." The lazy batman turned over and fell asleep. Then the officer called: " John, bring me some water." " Straight away," answered the batman. He got up and brought his officer a glass of water. "Now you can drink it" laughed the officer, " it is you who are thirsty, not I."

Idioms.

Над собою панувати.	To be in complete command of oneself.
Серце крається мені.	It breaks my heart.

Vocabulary.

свій (своя, своє)	(one's) own	приносити (-ношу,-носиш)	to bring
чар (-у) M	charm	діброва (-ви) F	oak-forest
проминути (fut. -ну,-неш)	to pass	вибілювати (-юю,-юєш)	to whiten
насичений (-на,-не)	ripe, saturated	святки (-ок) PL	festival, holiday
краса (-си) F	beauty	Різдвяні святки PL	Christmas
пройшла	has gone	сніговий (-ва,-ве)	snow(y)
плодовитість (-тости) F	fertility	хмара (-ри) F	cloud
габа (-би) F	cover	тоді	then
сніг (-у) M	snow	цілими днями	for whole days
мороз (-у) M	frost	м'яко	softly
лід (льоду) M	ice	тихо	still, quietly
погідний (-на,-не)	fair, fine	вкривати (-аю,-аєш)	to cover
слабо	feebly	луг (-у) M	thicket
огрівати (-аю,-аєш)	to warm up (trans)	Новий Рік	New Year
іскритися (-рюся,-ришся)	to sparkle	навечер'я (-р'я) N	eve
мільярд (-а) M	milliard	Маланка (-ки) F	St. Melania's day, New Year's Eve
сніжинка (-ки) F	snowflake		
віщувати (-ую,-уєш)	to prophesy	згадка (-ки) F	remembrance
себе, собі, ся	self	заслуговувати (-овую,-овуєш)	to deserve

свя́то (-та) N	holiday	до́ктор (-а) М	doctor, physician
Водохри́щі (-ів) PL	Epiphany	чу́ти (чу́ю, чу́єш)	to hear
Йорда́н (-у) М	Jordan, Epiphany	дільни́ця (-ці) F	quarter, district
коли́ то	(just) when	ці́нний (-на́, -не́)	valuable
скрізь	everywhere	пора́да (-ди) F	advice
святи́ти (святчу́, святи́ш)	to consecrate, to bless	lazy	ліни́вий (-ва, -ве)
крини́ця (-ці) F	(water)well	officer	офіце́р (-а) М
ставо́к (-вка́) М	pond	oh!	ах!
бажа́ти (-а́ю, -а́єш)	to desire, to wish	thirsty	спра́гнений (-на, -не)
чий (чия́, чиє́)	whose	to leave	покида́ти (-а́ю, -а́єш)
ї́хній (ї́хня, ї́хне)	their(s)	to suffer	терпі́ти (терплю́, терпи́ш)
повироста́ти (fut. -а́ю, -а́єш)	to grow up	thirst	спра́га (-ги) F
що	that	to call	заклика́ти (fut. -и́чу, -и́чеш)
ва́жко	(it is) difficult		
пізна́ти (fut. -а́ю, -а́єш)	to recognize	John	Іва́н (-а)
за́вжди	always	straight away	за́раз, негайно
за́видувати (-ую, -уєш)	to envy	to answer	відпові́сти (fut. -і́м, -і́си)
нажа́ль	alas, unfortunately		
жура́ (-ри́) F	worry, sorrow	to get up	вста́ти (fut. -а́ну, -а́неш)
шлу́нок (-нка) М	stomach	to laugh	смія́тися (-ію́ся, -іє́шся)
йді́ть (imp)	go		

ДВА́ДЦЯТЬ ДЕВ'Я́ТА ЛЕ́КЦІЯ   TWENTY NINTH LESSON

Demonstrative Pronouns

Лист.

Дороги́й Богда́не!

Тіє́ї Твоє́ї до́вгої мовча́нки не розумі́ю. На мого́ оста́ннього листа́ Ти* до́сі не відписа́в, хоч від цьо́го ча́су мину́в уже́ до́брий мі́сяць. А мо́же Ти цього́ листа́ не діста́в? Ти́мто я пишу́ вдру́ге, та посила́ю цим ра́зом пору́чено. В ме́не до те́бе така́ спра́ва.

Мене́ повідо́мили, що в ва́шій місько́ї́ бібліоте́ці є вели́кий архі́в із а́ктами з сімна́дцятого столі́ття. Там нахо́диться оди́н акт яко́го мені́ тре́ба до мої́х сту́дій. Я ду́же Тебе́ проха́ю пола́годити мені́ цю ору́дку. Пра́ці при цьо́му не бу́де бага́то, бо - як мені́ відо́мо - ці а́кти ма́ють то́чний пока́зник - картоте́ку ймен, ти́мто ко́жний акт знайти́ ле́гко. Я бу́ду Тобі́ ду́же вдя́чний за ві́дпис ці́лого а́кту. Згори́ дя́кую за цю прислу́гу

та здоровлю́ Тебе́ щи́ро

Полта́ва, в лю́тім, ц.р.   Твій Все́волод

---
*Notice that in letters Ти and Ви begin with a capital letter.

1. The demonstrative pronouns той (that) and цей (this) are declined in the following manner:

		s i n g u l a r			plural
A. nom.	MASC: той - that	FEM: та	NEUT: те		ALL GENDERS: ті
gen.	того́	тіє́ї (то́ї)	того́		тих
dat.	тому́	тій	тому́		тим
acc.	того́, той	ту	те, то		тих, ті
voc.	той				ті
inst.	тим	тіє́ю (то́ю)	тим		тими
loc.	(в)тім, (в)то́му	(в)тій	(в)тім, (в)то́му		(в)тих

a. Two other demonstrative pronouns тамтой (-та́,-те́), отой (-та́,-те́) are also declined like той.

b. In poetry we often find the old form

тая́	instead of	та
тую́		ту
тєє́		те
тії́		ті

		s i n g u l a r			plural
B. nom.	MASC: цей - this	FEM: ця	NEUT: це		ALL GENDERS: ці
gen.	цього́	ціє́ї (це́ї)	цього́		цих
dat.	цьому́	цій	цьому́		цим
acc.	цього́, цей	цю	це		цих, ці
voc.	цей				ці
inst.	цим	ціє́ю	цим		цими
loc.	(в)цім, (в)цьому	(в)цій	(в)цім, (в)цьому		(в)цих

c. Apart from the forms цей, ця, це we find in literature the forms сей, ся, се.

2. The demonstrative pronoun immediately preceded and governed by a preposition has its stress put forward from the second syllable to the first:

цього́	–	до цього́
цьому́	–	ік цьому́
того́	–	на того́

Observe the difference:

на цьо́му сві́ті – in this world	;	на то́му сві́ті – in the next world
цього́ ро́ку – this year	;	того́ ро́ку – last year
цьогорі́чна зима́ – this winter	;	то(го)рі́чне лі́то – last summer
по цей бік Дніпра́ – this side of the Dnieper	;	по той бік Дніпра́ – that side of the Dnieper
поце́йбіч гори́ – this side of the mountain	;	потойбіч гори́ – that side of the mountain

3. The pronoun уве́сь (уся́, усе́) (ввесь, вся, все after a word ending in a vowel) / all, total/ is declined like цей.

Thus: усього́ (до всього́), всіє́ї, всьому́, всій...........

Only in the plural we have -і- instead of -и- : усі́, усі́х, усі́м, усі́ми (усіма́), в усі́х

Exercise

Translate: Last year the summer was hotter than this year. This road goes to Kiev. My friend lives this side of the river. These books are theirs. We all hope that life in the other world is better. All streets in this town are clean. She told me this, that, and the other. All mankind wants peace. In the Ukraine we have a proverb " I need it like last year's snow." Whose letter is this? Of all lessons this is the easiest.

Idioms.

Не да́ти про се́бе нічо́го зна́ти.	Not to let anybody know of one's welfare.
Це не моя́ рука́.	This is not my handwriting.

Vocabulary.

лист (-а́) м	letter		оста́нній (-ня, -нє)	last
той (та, те)	that		до́сі	till now
мовча́нка (-ки) F	silence		відписа́ти (fut. -шу́, -шеш)	to reply by letter
розумі́ти (-і́ю, -і́єш)	to understand			

хоч	although	знайти́ (fut. знайду́, знайдеш)	to find
мо́же	perhaps	вдя́чний (-на,-не)	grateful
діста́ти (fut. -а́ну,-а́неш)	to receive, to get	за	for
		ві́дпис (-у) M	copy
тимто	hence, therefore	згори́	in advance
писа́ти (пишу́, пи́шеш)	to write	прислу́га (-ги) F	favor, service
вдру́ге	for the second time	здоро́вити (-влю́,-виш)	to greet
посила́ти (-а́ю,-а́єш)	to send	щи́ро	sincerely
пору́чено	by registered mail	ц.р. (цього́ ро́ку)	this year
спра́ва (-ви) F	matter, business	Все́волод (-а)	Vsevolod
повідо́мити (fut. -млю́,-миш)	to inform	тамто́й (-та́,-те́)	the other
місь́кий (-ка́,-ке́)	municipal	ото́й (-та́,-те́)	this one
бібліоте́ка (-ки) F	library	сей (ся, се)	this
архі́в (-у) M	archive(s)	цьогорі́чний (-на,-не)	this year's
акт (-у) M	records, document	поце́йбіч	this side of
столі́ття (-тя) N	century	по цей бік	this side of
находи́тися (-джуся,-дишся)	to be (in)	потойбіч	that side of
сту́дії (-дій) PL	studies	по той бік	that side of
проха́ти = проси́ти	to ask, to beg	уве́сь (уся́, усе́)	all, total
пола́годити (fut. -джу,-диш)	to settle, to conclude, to do	ввесь уве́сь	
як мені́ відо́мо	as far as I know	mankind	лю́дство (-ва) N
то́чний (-на,-не)	exact	peace	мир (-у) M
пока́зник (-а) M	index, catalogue		
картоте́ка (-ки) F	card index		

ТРИДЦЯ́ТА ЛЕ́КЦІЯ   THIRTIETH LESSON

Pronouns (Conclusion)

На гра́ні світі́в - "у краї́" Евро́пи.

Ма́ло яко́му наро́дові в сві́ті доводи́лося пережива́ти трагі́чнішу й неща́снішу до́лю, як та, що зазна́в за своє́ істори́чне життя́ і зазнає́ до́сі наро́д украї́нський...

Мов той горо́х при доро́зі - так жив украї́нський наро́д. Ви́сунутий дале́ко на Схід, не ма́ючи нія́кого од приро́ди поста́вленого за́хисту, він був схі́днім форпо́стом Евро́пи...

Наро́д наш на свої́ гру́ди му́сів прийма́ти пе́рші й найва́жчі уда́ри від тих ди́ких орд, мандро́ваних наро́дців і наро́дів, що їх раз-у-раз, немо́в у яко́мусь соціологі́чному пароксиз́мі викида́ли неося́жні степи́ бли́жнього й дале́кого Схо́ду...

                                                            Сергі́й Єфре́мов.

1. The relative pronoun що fulfills the function of the English relative - who, which, that.

Що is indeclinable and is used alike for all genders, both in the singular and the plural.

Це той винахідник, що дістав цьогорічну нагороду. В нашому домі живе фризієр, що робить тривку ондуляцію, манікюри та педикюри. Чи це та спортсменка, що має першенство в плаванні?

In a subsidiary clause що is followed by its governing preposition and a personal pronoun:

Це той журналіст, що його місяць тому переїхало авто; він якось скоро видужав. Чи знаєте вже того фільмового артиста, що про нього так прихильно писали по часописах? Як називається та жінка, що з нею був ваш брат на премєрі в театрі? Авто, що ним кермував відомий автоводій Андрій Семиренко прийшло в перегонах перше до мети.

Sometimes the personal pronoun is left out:

Чи винен той голуб, що (instead of: що його) сокіл убив?

Чи це тая криниченька. що (instead of: що з неї) я воду брав?

2. Instead of що sometimes we can use який (-ка,-ке) or котрий (-ра,-ре):

Чоловік у білому пальті, який був учора у вас, це підозрілий тип.

Та корова, котра багато ричить, мало дає молока.

3. Otherwise який and котрий are used as interrogative pronouns:

       який (яка, яке) - what kind of

       котрий (котра, котре) - which one

Яка книжка тебе найбільш цікавить? Котра година на вашому годиннику? Котрий із вас усіх перший покінчить роботу? Який завтра день? Яка була вчора погода? Яке це полотно широке?

4. Other Ukrainian interrogative pronouns are хто, що - (who, what) (see also p.12) and чий - (whose) (for its declension see Lesson 28).

nom.	хто	що
gen.	кого́	чого́
dat.	кому́	чому́
acc.	кого́	що
voc.		
inst.	ким	чим
loc.	(в)кі́м, (в)ко́му	(в)чі́м, (в)чо́му

5. Both який and котрий are declined like adjectives ending in -ий.

Котрі́й тяму́щій люди́ні не прикри́ться це? Яко́ї вам тре́ба ще фа́рби?
Яко́го ко́льору не ба́чите?

The following pronouns are also declined like adjectives:

A. сам (сама́, саме́) - self : самого́, самому́, сами́м, (у)самі́м, самі́......

той сам (та сама́, те саме́) - the same : того́ само́го, ті самі́.........

B. Nearly all pronouns ending in -ий.

e.g. ко́жний - every : ко́жного, ко́жному, (в)ко́жнім................
вся́кий - each : вся́кого, вся́кому, вся́ким ....
і́нший - other : і́ншого, і́ншому, і́ншим......................

6. The pronoun сам sometimes has the meaning of the English alone, only:

В на́шому перед́ілі сиді́ли самі́ курці́. В цьо́му товаро́вому до́мі самі́ кра́щі ре́чі. В його́ огоро́ді росту́ть самі́ овоче́ві дерева́. В цих око́лицях самі́ злоді́ї, розбиша́ки й волоцю́ги.

7. The indefinite pronouns ніхто́, ніщо́, де́хто, де́що and others which have хто or що as their main part, are declined like хто, що.

e.g. ніхто́ - nobody : ніко́го, ніко́му, нікѝм, (в)нікі́м..............
ніщо́ - nothing : нічо́го, нічо́му, нічи́м, (в)нічі́м............

де́хто - somebody : де́кого, де́кому, де́ким, (в)де́кім..........

де́що - something : де́чого, де́чому, де́чим (в)де́чім..........

хтось - someone : кого́сь, кому́сь, кимсь................

щось - something : чого́сь, чому́сь, чимсь................

котри́йсь - some : котро́гось, котро́мусь, котри́мсь..........

яки́йсь - some : яко́гось, яко́мусь, яки́мсь..............

хтобу́дь - anybody : когобу́дь, комубу́дь, кимбу́дь............

щонебу́дь - anything : чогонебу́дь, чомунебу́дь, чимнебу́дь........

Приповідки: Не ко́жен слаби́й, хто сто́гне; не ко́жен спить, хто сопе́.

Ко́жна приго́да до му́дрости доро́га.

Чия́ ха́та, того́ й пра́вда.

Яки́й пан, таки́й крам.

З ким пристає́ш, таким стає́ш.

Хто чим вою́є, (той) від то́го ги́не.

Exercise

Translate: The film actor whom we saw tonight is known to all the world. The concert which we heard yesterday on the radio was very beautiful. My brother, who travelled for a whole year, came home yesterday. The man whom we saw the day before yesterday in the zoo was a famous novelist. He who talks much knows little. What day is today? Which one of you is younger? Nobody likes to live alone. Not every road leads to Rome. He likes to sing the same song as George.

Idioms.

Сам на сам.   Tête-à-tête.

Обіця́ти собі́ щось.   To promise oneself something.

Vocabulary.

| грань (-ні) F | border, edge | Евро́па (-пи) F | Europe |
| край (-а́ю) м | border | ма́ло яки́й | almost no (other) |

який (-ка́,-ке́)	what kind of
наро́д (-у) M	people, nation
доводитися (3.доводиться)	to be obliged, to have to
пережива́ти (-а́ю,-а́єш)	to live through
трагі́чний (-на,-не)	tragic
неща́сний (-на,-не)	unhappy
зазна́ти (fut.-на́ю,-а́єш)	to learn, to experience
за	during
істори́чний (-на,-не)	historical
істори́чне життя́	historical existence
зазнава́ти = зазна́ти	
ви́сунутий (-та,-те)	exposed
дале́ко	far
Схід (Схо́ду) M	East
не ма́ючи	not having
нія́кий (-ка,-ке)	no kind of
од = від	from
поста́влений (-на,-не)	placed, put
за́хист (-у) M	protection
схі́дній (-ня,-нє)	Eastern
форпо́ст (-у) M	advanced post, advanced guard
му́сіти (му́шу,му́сиш)	to be obliged
прийма́ти (-а́ю,-а́єш)	to receive
важки́й (-ка́,-ке́)	heavy
уда́р (-у) M	blow
орда́ (-ди́) F	horde
мандро́ваний (-на,-не)	nomadic
наро́дець (-дця) M	tribe
раз-у-раз	time after time
немо́в = мов	as if
яки́йсь (-ка́сь,-ке́сь)	some
соціологі́чний (-на,-не)	sociological
парокси́зм (-у) M	paroxysm
викида́ти (-а́ю,-а́єш)	to eject
бли́жній (-ня,-нє)	near (adj)
Сергі́й (-і́я)	Serge
Єфре́мов (-ва)	Yefremov
що	who, what, that
винахі́дник (-а) M	inventor
нагоро́да (-ди) F	prize
фризіє́р (-а) M	hairdresser
тривки́й (-ка́,-ке́)	permanent
ондуля́ція (-ії) F	hair-wave
манікю́р (-у) M	manicure
педикю́р (-у) M	pedicure
спортсме́нка (-ки) F	sportswoman
перше́нство (-ва́) N	championship
пла́вання (-ня) N	swimming
журналі́ст (-а) M	journalist
тому́	ago
переї́хати (fut. -і́ду,-деш)	to run over
я́кось	somehow
виду́жати (fut.-аю,-аєш)	to recover
фі́льмовий (-ва́,-ве́)	film (adj)
арти́ст (-а) M	actor
прихи́льно	favorably
часо́пис (-у) M	newspaper
прем'є́ра (-ри) F	first night
керму́вати (-у́ю,-у́єш)	to drive
відо́мий (-ма,-ме)	well known
автоводі́й (-ія) M	driver
Андрі́й (-і́я)	Andrew
Семире́нко (-ка)	Semyrenko
прийшло́ (from: прийти́)	(it) came
перего́ни (-нів) PL	race
мета́ (-ти́) F	winning post
со́кіл (-кола) M	falcon
уби́ти (fut. уб'ю́,уб'є́ш)	to kill
крини́ченька (-ки) F	waterwell
котри́й (-ра́,-ре́)	which one
пальто́ (-та) N	overcoat
підозрі́лий (-ла,-ле)	suspicious looking
тип (-а) M	type
рича́ти (-чу́,-чи́ш)	to low
ціка́вити (-влю,-виш)	to interest
годи́нник (-а) M	watch, clock
покі́нчить	will end
тяму́щий (-ща,-ще)	sensible
прикри́тися (-рюся,-ришся)	to become boring
сам (сама́, саме́)	self, same, only
той сам (та сама́, те саме́)	the same
вся́кий (-ка,-ке)	every kind, each
ніхто́	nobody
де́хто	somebody
де́що	something
хтось	someone
щось	something
хтобудь	anyone
щонебудь	anything
ко́жен = ко́жний	
слаби́й (-ба́,-бе́)	ill, weak
стогна́ти (сто́гну,сто́гнеш)	to groan
сопти́ (-пу́,-пе́ш)	to snore
приго́да (-ди) F	adventure
му́дрість (-рости) F	wisdom
крам (-у) M	merchandise
пристава́ти (-аю́,-а́єш)	to associate with
става́ти (стаю́,стає́ш)	to become
воюва́ти (вою́ю, вою́єш)	to fight
ги́нути (-ну,-неш)	to perish
перекл (-у) M	compartment
куре́ць (-рця́) M	smoker
товаро́вий дім	store
рости́ (-ту́,-те́ш)	to grow
овоче́вий (-ва,-ве)	fruit (adj)
око́лиця (-ці) F	neighbourhood
злоді́й (-ія) M	thief
розбиша́ка (-ки) M	robber
волоцю́га (-ги) M	tramp, vagabond

concert	концéрт (-у) M	to know	знáти (знáю, знáєш)
to travel	подорожувáти (-ую, -уєш)	Rome	Рим (-у) M

ТРИ́ДЦЯТЬ ПÉРША ЛÉКЦІЯ — THIRTY FIRST LESSON

Numerals (Cardinal Numbers)

Українські народні загадки.

Стоїть дуб — довговíк;
На ньóму дванáдцять гілóк;
На кóжній гíлці по чотúри гніздá;
У кóжному гнізді́ по сім яєць
А кóжному з них ім'я́ є (Рік).

Інші загадки:

Ревнýв віл на сто гір, на тúсячу городíв (Грім).

Стукотúть, гримотúть, як сто кóней біжúть (Млин).

Летíв птах на дванáдцяти ногáх, та однó яйцé зніс (Рік).

1	одúн (однá, однó /-нé/)	14	чотирнáдцять
2	два (дві)	15	п'ятнáдцять
3	три	16	шістнáдцять
4	чотúри	17	сімнáдцять
5	п'ять	18	вісімнáдцять
6	шість	19	дев'ятнáдцять
7	сім	20	двáдцять
8	вíсім	21	двáдцять одúн (однá, однó /-нé/)
9	дéв'ять	22	двáдцять два (дві)
10	дéсять	23	двáдцять три
11	одинáдцять	24	двáдцять чотúри
12	дванáдцять	25	двáдцять п'ять .....
13	тринáдцять	30	трúдцять

40	сóрок		170	сто сімдеся́т
50	п'ятдеся́т		180	сто вісімдеся́т
60	шістдеся́т		190	сто дев'ятдеся́т
70	сімдеся́т		200	дві́сті
80	вісімдеся́т		300	три́ста
90	дев'ятдеся́т		400	чоти́риста
100	сто		500	п'ятсо́т
101	сто оди́н		600	шістсо́т
102	сто два.....		700	сімсо́т
110	сто де́сять		800	вісімсо́т
120	сто два́дцять		900	дев'ятсо́т
130	сто три́дцять		1000	ти́сяча
140	сто со́рок		2000	дві ти́сячі.....
150	сто п'ятдеся́т		100000	сто ти́сяч.....
160	сто шістдеся́т		1000000	мільйо́н.....

1. The cardinal number оди́н (one) is used for masculine, одна́ for feminine, and одно́ (-не́) for neuter genders. All three forms are declined like hard adjectives.

2. The cardinal number два (two) is used for masculine and neuter genders, дві for the feminine gender.

nom.	MASC & NEUT: два - two	FEM: дві
gen.	двох	двох
dat.	двом	двом
acc.	двох, два	дві
voc.		
inst.	двома́	двома́
loc.	(в)двох	(в)двох

Also обá, обí (seldom: обидвá/-двí) are declined like двá.

3. Cardinal numbers from три (three) to дев'ятдесят дéв'ять (ninety nine) have the same form for all genders. They are declined in the following manner:

nom.	три - three	чотири - four	п'ять - five	сім - seven
gen.	трьох	чотирьох	п'ятьох	сімох
dat.	трьом	чотирьом	п'ятьом	сімом
acc.	трьох, три	чотирьох, чотири	п'ятьох, п'ять	сімох, сім
voc.				
inst.	трьома	чотирма	п'ятьма	сімома
loc.	(в)трьох	(в)чотирьох	(в)п'ятьох	(в)сімох

Шість, дéв'ять, дéсять are declined like п'ять; вíсім like сім.

4. In the genitive, dative, accusative, and locative we can use:

п'яти	instead of	п'ятьох
шости	" "	шістьох
сьоми	" "	сімох

5. The cardinal numbers from п'ять (five) upwards require to be followed by the genitive plural:

П'ять ліжóк. Шість днів. Рік мáє дванáдцять місяців.
Йомý бýде вже тридцять літ. На свíтí живýть мільйóни людéй.

6. Cardinal numbers один, два, три, чотири require the nominative:

Добá - це двáдцять чотири годúни. Мíсяць трáвень мáє тридцять і один день. Скíльки тижнів у рóці? У рóці п'ятдесят два тижні. Скíльки тижнів в однóму мíсяці? Чотири тижні й два абó три дні. Ця книжка дешéва, вонá коштýє тíльки два дóляри.

7. Cardinal numbers must be in the same case as the nouns they govern:

Два дóляри. Трьом дівчáтам. Сімóх юнакíв.

8. Double cardinal numbers (twenty one etc.,) are declined only in the second part:

21 - двадцять один, двадцять одного, двадцять одному............

34 - тридцять чотири, тридцять чотирьох, тридцять чотирьом......

Exercise

Write the following in Ukrainian using this as an example:

Додавання: 2 + 3 = 5   два й три є п'ять;

3 + 3 = 6   3 + 4 = 7   3 + 5 = 8   4 + 5 = 9   6 + 7 = 13

13 + 7 = ?   14 + 8 = ?   15 + 9 = ?   16 + 10 = ?   17 + 13 = ?

Віднімання: 5 - 3 = 2   п'ять менше три є два;

17 - 2 = 15   22 - 10 = 12   25 - 15 = 10   36 - 30 = 6   77 - 13 = 64

78 - 23 = ?   94 - 55 = ?   125 - 42 = ?   144 - 55 = ?   377 - 266 = ?

Множення: 3 × 3 = 9   три раз(и) три є дев'ять;

4 × 6 = 24   5 × 7 = 35   6 × 8 = 48   7 × 9 = 63   12 × 2 = 24

13 × 3 = ?   15 × 4 = ?   19 × 5 = ?

Ділення: 2 ÷ 2 = 1   два (ділене) через (на) два є один;

6 ÷ 2 = 3   8 ÷ 4 = 2   12 ÷ 6 = 2   12 ÷ 4 = 3   21 ÷ 7 = ?

35 ÷ 5 = ?   44 ÷ 4 = ?   66 ÷ 3 = ?   100 ÷ 20 = ?

Idioms.

Скільки вас там було?	How many of you were there?
Нас було двадцять.	There were twenty of us.
В тому чотири юнаки.	Among them were four young boys.

Vocabulary.

народній (-ня,-нє)	folk (adj), national	сто	hundred
загадка (-ки)F	riddle, puzzle	гора (-ри)F	mountain
дуб (-а)M	oaktree	тисяча (-чі)F	thousand
довговік (-ка,-ке)	aged, very old	город (-а)M	town
дванадцять	twelve	стукотіти (-очу,-отиш)	to clatter
гілка (-ки)F	branch	гримотіти (-очу,-отиш)	to thunder
гніздо (-да)N	nest	бігти (біжу, біжиш)	to run
сім	seven	млин (-а)M	mill
яйце (-ця)N	egg	знести (fut. знесу, знесеш)	to lay
ім'я (імени)N	name	птах (-а)M	bird
ревнути (fut. ну,-неш) to roar		for numerals see pp. 99, 100.	

оба́, обі́ (seldom:оби́два, оби́дві)	both	додава́ння (-ня) N	addition
літа́ (літ) PL	years	відійма́ння (-ня) N	subtraction
доба́ (-би́) F	day and night, twenty four hours	мно́ження (-ня) N	multiplication
		ділі́ння (-ня) N	division
кошту́вати (-ту́ю, -ту́єш)	to cost	ме́нше	minus, less
до́ляр (-а) M	dollar	ра́з(и́)	times

ТРИ́ДЦЯТЬ ДРУ́ГА ЛЕ́КЦІЯ — THIRTY SECOND LESSON

Numerals (Ordinals)

Де живу́ть украї́нці та скі́льки ї́х?

Украї́нці це слов'я́нське плем'я́, що живе́ в південно-схі́дній Євро́пі від рі́чки Сяну на за́ході до гір Кавка́зу на схо́ді. Украї́нська етнографі́чна терито́рія ма́є бі́ля 236 000 квадрато́вих миль. Усіє́ї лю́дности на цій терито́рії було́ пе́ред війно́ю 50I7I000 душ; украї́нці творя́ть тут 74 відсо́тки всіє́ї лю́дности. В оста́нній війні́ зги́нуло бли́зько 2000000 украї́нців.

Крім цього́ бага́то украї́нців живе́ на еміґра́ції в А́зії (в т.зв. "Зеле́ній Украї́ні) та в Євро́пі, де бага́то украї́нців живе́ тепе́р на скита́льщині в за́хідній Євро́пі, а т.зв. "Бачва́нці" живу́ть в Югосла́вії.

В Аме́риці живе́ вісімсо́т ти́сяч, в Кана́ді три́ста вісімдеся́т ти́сяч люде́й украї́нського похо́дження.

Украї́нці займа́ють щодо кі́лькости дру́ге мі́сце у слов'я́нському сві́ті, п'я́те в Евро́пі, а четве́рте в Кана́ді.

I. Some ordinals are formed by adding -ий, -а, -е to the cardinals:

CARDINALS:		ORDINALS:
20	два́дцять	двадця́тий, -та, -те
30	три́дцять	тридця́тий, -та, -те
50	п'ятдеся́т	п'ятдеся́тий, -та, -те

2. Many-figured ordinals may appear in two forms:

    a. with the endings for ordinals after every figure:

        539 п'ятсо́т(н)ий тридця́тий дев'я́тий

b. only the last figure ending as an ordinal, the rest as cardinals:

    539   п'ятсо́т три́дцять дев'я́тий

3. The following cardinals have irregularly formed ordinals:

CARDINALS:			ORDINALS:	
	1	оди́н		пе́рший, -ша, -ше (пе́рвий, -ва, -ве)
	2	два		дру́гий, -га, -ге
	3	три		тре́тій, -тя, -тє
	4	чоти́ри		четве́ртий, -та, -те
	6	шість		шо́стий, -та, -те
	7	сім		сьо́мий, -ма, -ме
	8	ві́сім		во́сьмий, -ма, -ме
	40	со́рок		сороко́вий, -ва, -ве
	100	сто		со́тий, -та, -те (со́тний, -на, -не)
	1000	ти́сяча		ти́сячний, -на, -не

4. Ordinals are declined like adjectives:

        дев'я́тий, дев'я́того, дев'я́тому..........

        тре́тій, тре́тього, тре́тьому.............

Рік 988 це рік хри́щення Украї́ни. В ро́ці 1169 пре́дки сього́днішних москви́нів під про́водом Андре́я Боголю́бського зни́щили Ки́їв. Роки́ 1240 та 1241 - час по́вного зни́щення Украї́ни тата́рською ордо́ю. В 1648 ро́ці Богда́н Хмельни́цький переміг поляків. В 1709 ро́ці була́ би́тва під Полта́вою.

5. To denote the date we use the genitive:

Найбі́льший украї́нський пое́т Тара́с Шевче́нко народи́вся в селі́ Мо́ринцях на Ки́ївщині, дня дев'я́того бе́резня ти́сяча вісімсо́т чотирна́дцятого ро́ку, а поме́р у Петербу́рзі деся́того бе́резня ти́сяча вісімсо́т шістдеся́т пе́ршого ро́ку. Іва́н Франко́ - теж ви́значний украї́нський пое́т - народи́вся в Галичині́ в селі́ Нагу́євичах в 1856 р. а поме́р у Льво́ві 28 тра́вня 1916 р. Ле́ся Украї́нка - побі́ч Шевче́нка й Франка́ -

найбі́льша украї́нська письме́нниця - народи́лася 1872 р. а поме́рла 1913 р.

6. The following forms are used to denote time:

What time is it?	Котра́ годи́на?
It is now nine o'clock.	Тепе́р дев'я́та годи́на.
Half past nine.	Пів (до) деся́тої.
Quarter past seven.	Чверть на во́сьму.
Quarter to ten.	Три чве́рті на деся́ту.
At five thirty.	О п'я́тій тридця́ть.

Розмо́ва.

Ви́бачте, котра́ тепе́р годи́на? — Прошу́ ду́же, тепе́р дві хвили́ни (міну́ти) по п'я́тій.

Ду́же дя́кую. — Ах, вибача́йте! Мій годи́нник іде́ де́сять хвили́н (міну́т) скоріш. Зна́чить тепе́р то́чно за ві́сім хвили́н п'я́та.

Ду́же дя́кую. Не зна́єте коли́ почина́ється виста́ва в теа́трі? — Десь ко́ло восьмо́ї годи́ни.

Так мені́ тре́ба пів до во́сьмої ви́йти з ха́ти. — Ви так дале́ко живете́?

Ні, але я му́шу о три чве́рті на во́сьму вступи́ти по бра́та. — А так! Ви ма́єте ще дві й пів годи́ни ча́су.

Так, щера́з ду́же дя́кую. — Прошу́ ду́же. Всього́ кра́щого!

Exercise

Translate:

At home.

We live on the second floor. Our house is number 12. My father goes to the office at 8 o'clock, and we children go to school. At 10 o'clock my mother goes to town. We have our lunch usually at 2 o'clock. In the evening at a quarter to eight we go to the theatre. We come back home at eleven and go to bed at half past eleven.

My father was born in 1890, my mother in 1896. During the first world war (1914 - 1918) my father was in the army. Twenty years ago, in June 1929, I came to Canada for the first time.

I d i o m s.

Воля думки.	Freedom of thought.
Свобода слова.	Freedom of speech.
Вільність друку.	Freedom of the press.

V o c a b u l a r y.

скільки	how many, how much	четвертий (-та,-те)	fourth
південно-східній (-ня,-нє)	south--eastern	п'ятий (-та,-те)	fifth
		шостий (-та,-те)	sixth
Сян (-у) M	S'an	сьомий (-ма,-ме)	seventh
захід (-ходу) M	West	восьмий (-ма,-ме)	eighth
Кавказ (-у) M	Caucasus	сороковий (-ва,-ве)	fortieth
етнографічний (-на,-не)	ethnographic	сотий (-та,-те)	hundredth
територія (-ії) F	territory	тисячний (-на,-не)	thousandth
біля	about	хрищення (-ня) N	baptism
квадратовий (-ва,-ве)	square (adj)	провід (-воду) M	leadership
миля (-лі) F	mile	Боголюбський (-ого)	Bogolyubsky
близько	approximately	предки (-ків) PL	forefathers
людність (-ности) F	population	сьогоднішний (-на,-не)	today's
творити (творю, твориш)	to form	москвини (-нів) PL	Muscovites
відсоток (-тка) M	percentage	знищити (fut. -щу,-щиш)	to destroy
крім цього	apart from that	знищення (-ня) N	destruction
еміграція (-ії) F	emigration	татарський (-ка,-ке)	Tartar (adj)
Азія (-ії) F	Asia	Хмельницький (-ого)	Khmelnytsky
Америка (-ки) F	America	перемагати (-аю,-аєш)	to defeat
Канада (-ди) F	Canada	поляк (-а) M	Pole
згинути (fut. -ну,-неш)	to perish	битва (-ви) F	battle
т.зв. (так званий)	so-called	поет (-а) M	poet
Зелена Україна F	Green Ukraine	народитися (fut.-джуся,-дишся)	to be born
Бачванці (-ів) PL	Bachvans		
Югославія (-ії) F	Yugoslavia	Моринці (-ців) PL	Moryntsi
жити на скитальщині	to live as DPs	Київщина (-ни) F	Kiev province
загальний (-на,-не)	total	померти (fut. -мру,-мреш)	to die
число (-ла) N	number	Петербург (-а) M	Petersburg
походження (-ня) N	origin	визначний (-на,-не)	prominent
около	approximately	Нагуєвичі (-чів) PL	Nahuyevychi
займати (-аю,-аєш)	to occupy	Леся (-сі) F	Lesya
щодо	as regards	Українка (-ки)	Ukrainka
кількість (-кости) F	quantity, numbers	побіч	besides, apart
третій (-тя,-тє)	third	письменниця (-ці) F	woman writer
другий (-га,-ге)	second	пів	half
слов'янський (-ка,-ке)	Slavic	чверть	quarter
двадцятий (-та,-те)	twentieth	вибачте!	excuse me!
перший (-ша,-ше)	first	хвилина (-ни) F	minute, moment

мінýта (-ти) F	minute	щерáз	once more
вибачáйте = вибáчте			
скорíш	faster		floor поверх (-у) M
іде скорíш	is fast		office бюрó (-á) N
знáчить	it means		lunch обíд (-у) M
тóчно	punctually	we go to bed	ідемó спáти
починáтися (-áюся,-áєшся)	to begin	during	вчасí
десь	about, at	in	у
вистáва (-ви) F	performance, show	army	вíйсько (-а) N
вийти (fut. -йду,-йдеш)	to go out, to leave	ago	томý
жити (-вý,-вéш)	to live, to dwell	time	раз
вступити (fut.-плю,-пиш)	to drop in		

ТРИДЦЯТЬ ТРÉТЯ ЛÉКЦІЯ   THIRTY THIRD LESSON

Numerals (Conclusion)

Зéмне багáтство Украïни.

Украïна є дýже багáта. Крім урожáйного чорнóзему, лісíв та звíрні вонá мáє багáто корисних копáлин: кам'янóго вýгілля, антрациту, гематиту, залíзної руди, манґáну, сóли й живóго срібла́.

Найбíльші пóклади вýгілля в Донéцькому басейні. В 1931 тут добули понáд 40 мільйонíв тон вýгілля й антрациту. Родóвища залíзної руди нахóдяться гóловно кóло Кривóго Рóга, Кременчукá й Мелітóполю. Манґáнова рудá й гематит виступáють на Подíллі; сам манґáн є ще біля Кривóго Рóга та в найбíльшій кíлькості близько Нікóполя.

Сіль добувáють в артéмівській окрýзі, крім цьóго над Чóрним Мóрем в одéській та мелітóпільській окрýзі й на Кримý. В 1928 - 29 рокáх добули в Украïні мільйóн і кількадесять тисяч тон сóли.

1. Collective numerals двóє, трóє are declined similarly to the pronoun моï:

    двоïх, троïх, двоïм, троïм,......

2. Collective numerals ending in -еро , formed from the cardinal чотири upwards, are indeclinable:

    п'ятеро дітéй, п'ятеро дітьми́, ...

3. No collective numerals are formed from the cardinals 40 and 100, or from those indicating hundreds and thousands.

4. Collective numerals are used when referring to a company of persons of both sexes, and to young animals.

    Нас було́ п'я́теро в товари́стві: дві пані́ й три пано́ве. В пе́ршій кля́сі є тридця́теро діте́й, в то́му сімна́дцять дівча́т і трина́дцять хло́пців. Ку́рка ви́вела де́в'ятеро курча́т; дво́є з них пірва́в шулі́ка, тро́є кіт, а че́тверо і́нших живу́ть. На́ша су́ка ма́є п'я́теро песя́т.

5. The following are Ukrainian fractions:

    ½ .... пів, полови́на
    ⅓ .... (одна́) трети́на, одна́ тре́тя
    ¼ .... (одна́) четверти́на, одна́ четве́рта
    ⅕ .... (одна́) п'яти́на, одна́ п'я́та
    1½ .... півтора́, оди́н й пів
    2½ .... півтре́тя, два й пів
    3½ .... півчве́рта, три й пів
    4½ .... півп'я́та, чоти́ри й пів

Notice that пів (half) diminishes the number which it precedes.

6. The indefinite numerals are:

    бага́то   - much
    ма́ло   - little
    кі́лька   - some
    кількана́дцять   - some (from 11 to 19), teens
    кількадеся́ть   - some tens
    кількасо́т   - some hundreds

    У нас було́ вчо́ра бага́то госте́й. Чима́ло біди́ в сві́ті. Пі́сля кількадеся́ти літ не бу́де вже ніко́го з нас живи́х. Пе́ред кількана́дцяти рока́ми не було́ ще цього́ ти́пу літака́. Кількасо́т гарма́т здобули́ на війні́.

7. | ENGLISH | UKRAINIAN |
|---|---|
| time | раз |
| second time, third time, etc. | оди́н раз, дру́гий раз..... |
| for the first time | впе́рше |
| for the second time | вдру́ге |
| for the third time, etc. | втре́тє...... |
| doubly, trebly | вдво́є, втро́є |
| one by one | по о́дному |
| in twos, in threes | по два, по три |

8. Ukrainian weights and measures:

Ба́тько купу́є щодня́ півтора́ гра́ма таба́ки. Слуга́ приніс півтретя кілогра́ма муки́, чверть кілогра́ма цу́кру й де́сять гра́мів ча́ю. Нам доставля́ють щодня́ півтора́ лі́три молока́. Скі́льки цього́ полотна́ у вас? Ко́ло три ме́три. Скі́льки воно́ кошту́є? Не бага́то: всього́ сім до́лярів. Одна́ ми́ля ма́є півосьма́ кіло́метра. Одна́ верста́ це один кіло́метр і шість ме́трів. Чи дале́ко ще до мі́ста? Бу́де півтора́ ми́лі з га́ком. Скі́льки у вас по́ля? Було́ два гекта́рі, тепе́р ті́льки пів. Наш сад ма́є кру́гло три квадрато́ві кіло́метри.

9. Ukrainian terms for American and Canadian weights and measures:

1	ounce	-	у́нція (0.65 гра́ма)
1	pound	-	фунт (453.5 гра́мів)
1	ton	-	то́на (1015 кілогра́мів)
1	inch	-	інч (2.5 центиме́трів)
1	foot	-	фут (30.4 центиме́трів)
1	yard	-	ярд (91.4 центиме́трів)
1	mile	-	ми́ля (1609.3 ме́трів)
1	pint	-	пайнт (0.56 лі́три)
1	gallon	-	га́лон (4.54 лі́три)
1	bushel	-	бу́шель (2¾ бу́шлів = 1 гектолі́тер)

Exercise

Answer orally: $\frac{1}{4} + \frac{1}{2} = ?$ $2 + \frac{1}{2} = ?$ $\frac{1}{4} + \frac{3}{4} = ?$ $3\frac{1}{2} - 2 = ?$ $4 - \frac{1}{2} = ?$

Translate:

In the shop.

Good morning.	- Good morning. What can I do for you?
I need a raincoat.	- Yes, we have some. Perhaps this one?
How much is it?	- Twenty five dollars.
It is too expensive for me. Have you got anything cheaper?	- Certainly. This one is twenty one dollars.
It is a little too long for me.	- We could shorten it for you.
Then I shall take it. When will it be ready?	- In two days Are you paying something in advance?
Yes, here are ten dollars.	- Thank you very much. Here is your receipt.
Thank you. Good day.	- Good day.

Idioms.

Це не твоє діло.	It is not your business.
Чи не сором тобі?	Aren't you ashamed?

Vocabulary.

земний (-на,-не)	earthly	добути (fut. -уду,-удеш)	to gain, to get
багатство (-ва) N	wealth, riches	тона (-ни) F	ton
земне багатство	natural resources	родовище (-ща) N	main seams, stratum
урожайний (-на,-не)	fertile	головно	mainly
чорнозем (-у) M	black soil	Кривий Ріг M	Krivy Rih
звірня (-ні) F	fauna	Кременчук (-а) M	Kremenchuk
корисний (-на,-не)	useful	Мелітопіль (-поля) M	Melitopil
копалина (-ни) F	mine	манґановий (-ва,-ве)	manganese (adj)
кам'яне вугілля	coal	виступати (-аю,-аєш)	to be prominent
антрацит (-у) M	anthracite	Поділля (-ля) N	Podilla
гематит (-у) M	haematite, red iron ore	Нікопіль (-поля) M	Nikopil
залізна руда	iron ore	артемівська округа	Artemiv district
руда (-ди) F	ore	Чорне Море N	Black Sea
манґан (-у) M	manganese ore	одеський (-ка,-ке)	of Odessa
живе срібло	mercury, quicksilver	мелітопільський (-ка,-ке)	of Melitopil
срібло (-ла) N	silver	округа (-ги) F	district
поклад (-у) M	layer, seam	Совєтська Україна	Soviet Ukraine
Донецький басейн M	Donets basin	кількадесять	some tens

двоє	two	гарма́та (-ти)F	gun
тро́є	three	здобу́ти (fut. -у́ду,-у́деш)	to capture
п'я́теро	five	дві́чі	twice
товари́ство (-ва)N	company	три́чі	three times
па́ні (-ні)F	lady	впе́рше	for the first time
тридцятеро	thirty	втре́тє	for the third time
дівча́ (-а́ти)N	girl, lass	вдво́є	doubly
ви́вести (fut.-еду,-едеш)	to rear	втро́є	trebly
де́в'ятеро	nine	по	by, in
шулі́ка (-ки) M	hawk	у́нція (-і́ї) F	ounce
су́ка (-ки)F	bitch	фунт (-а) M	pound
песя́ (-я́ти) N	puppy	то́на (-ни) F	ton
полови́на (-ни)F	half	і́нч (-а) M	inch
трети́на (-ни) F	one third	фут (-а)M	foot
четверти́на (-ни)F	one fourth	ярд (-а) M	yard
п'яти́на (-ни)F	one fifth	па́йнт (-а) M	pint
півтора́	one and a half	га́лон (-у) M	gallon
півтре́тя	two and a half	бу́шель (-шля)M	bushel
півчве́рта	three and a half		
купува́ти (-пу́ю,-пу́єш)	to buy		
грам (-а) M	gram	shop	крамни́ця (-ці)F
таба́ка (-ки) F	tobacco	what can I do for you?	чим мо́жу вам служи́ти?
кілогра́м (-а) M	kilogram	raincoat	дощівни́к (-а́)M
мука́ (-ки)F	flour	too	за
чай (-ю)M	tea	expensive	дороги́й (-га́,-ге́)
доставля́ти (-я́ю,-я́єш)	to deliver	have you got?	ма́єте ви?
всього́	altogether	anything	щось
лі́тра (-ри)F	litre	cheap	деше́вий (-ва,-ве)
ме́тер (-тра) M	meter	certainly	пе́вно
пі́восьма	seven and a half	to shorten	скороти́ти (fut.-о́чу, -о́тиш)
верста́ (-ти́) F	verst	then	тоді́
гак (-а)M	hook	I shall take it	я його́ візьму́
з га́ком (idiom)	and a bit	when	коли́
ге́ктар (-а) M	hectare	in	за
кру́гло	approximately	to pay	плати́ти (плачу́, пла́тиш)
кі́лька	some, several		
кількасо́т	some hundreds	in advance	згори́, на завда́ток
чима́ло	much, quite a lot	receipt	квито́к (-тка́)M
живи́й (-ва́,-ве́)	alive, living	good day!	добри́день!
тип (-у)M	type, model		
літа́к (-а́)M	airplane		

ТРИ́ДЦЯТЬ ЧЕТВЕ́РТА ЛЕ́КЦІЯ   THIRTY FOURTH LESSON

The Verb (Imperative Mood)

З е́ м л е   м о я́ !

Зе́мле моя́, всеплодю́чая ма́ти,   Дай теплоти́, що розши́рює гру́ди,

Си́ли, що в твої́й жиє́ глибині́   Чи́стить чуття́ і відно́влює кров,

Кра́плю, щоб в бою́ сильні́ше стоя́ти,   Що до люде́й безграни́чную бу́дить

Дай і мені́!   Чи́сту любо́в!

Дай і вогню́, щоб тим сло́вом пали́ти,   Си́лу рука́м дай, щоб пу́та лама́ти,
Ду́шу стряса́ть громову́ю дай вла́сть,   Я́сність думка́м - в се́рце кри́вди влуча́ть,
Пра́вді служи́ти, непра́вду пали́ти,   Дай працюва́ть, працюва́ть, працюва́ти,
Ві́чну дай стра́сть!   В пра́ці скона́ть!

                           І в а́ н   Ф р а н к о́.

1. The imperative mood of verbs is formed in the following manner:

    a. by adding the endings -й,-ймо,-йте to stems ending in a vowel:

       2nd person singular: -й   : дай, знай, стріля́й, буду́й

       1st person plural: -ймо : да́ймо, зна́ймо, стріля́ймо, буду́ймо

       2nd person plural: -йте : да́йте, зна́йте, стріля́йте, буду́йте

    b. by adding the endings -и,-ім(о),-іть(-іте) to stems ending in a consonant:

       2nd person singular: -и   : веди́, неси́, кричи́, плати́

       1st person plural: -ім(о): веді́м, несі́м, кричі́м, платі́мо

       2nd person plural: -іть : веді́ть, несі́ть, кричі́ть, платі́те
                                          (-іте)

It can be seen from the above examples that the endings of the imperative are added to the stem of the verb's present tense. The best way to make sure of the right formation is to leave out the ending of the 2nd person singular present and add the appropriate imperative ending.

2. The imperative form of the 3rd person singular and plural is formed by the word неха́й (най) + 3rd person of the verb.

    e.g. sing: неха́й дає́   - let (him, her, it) give

                 неха́й зна́є   - let (him, her, it) know

      pl: н(ех)а́й веду́ть - let them lead

           н(ех)а́й ро́блять - let them work

3. The following short imperative forms are used in the case of verbs ending in consonants which have the stress on their stem (not on their ending):

               ві́рити   - to believe; (ві́риш): вір, ві́рмо, ві́рте

мучити - to torture;   (мучиш): муч, мучмо, мучте

мовити - to speak;   (мовиш): мов, мовмо, мовте

4. In cases where the stem of such words ends in other consonants than the labials р,ч,ж,ш , these consonants are softened:

радити - to advise;   (радиш) : радь, радьмо, радьте

лізти - to crawl;   (лізеш) : лізь, лізьмо, лізьте

гинути - to perish;   (гинеш) : гинь, гиньмо, гиньте

E x c e p t i o n: Verbs which have two or more consonants before their present tense ending (2 p.S) retain the -и- in the imperative mood:

киснути - to turn sour;   (киснеш) : кисни, киснім, кисніть

бубнити - to drum;   (бубниш) : бубни, бубнім, бубніть

5. Longer forms of the imperative mood ending in -імо, -іте are mostly used in poetry:

Образ Божий
Багном не скверніте!
Не дуріте дітей ваших...
(Тарас Шевченко)

Ідіте на Вкраїну,
Заходьте в кожну хату!
(Павло Тичина)

П р и п о в і д к и: - Добре роби, добре буде!   - Не роби того, що тобі немиле!
- Скачи враже, як пан каже!   - Пильнуй свого носа, не чужого
- Хай не знає лівиця, що дає- проса!
правиця!

Р о з м о в а:

У   р е с т о р а н і.

Добридень! Дайте мені, прошу, карту страв (стравоспис)!

Прошу дуже! Ось вам карта страв (стравоспис).

Що це за страва, ці...... як там стоїть.."капустяники"?

Це вегетаріянська, холодна страва. Зрештою дуже смачна.

Холодна? Так, але я бажав би щось тепле!

Бажаєте меню чи а ля карт?

Поручіть мені, будь ласка, щось!

Може телячу печеню з пюре й городину, або яєшню?

Отже добре! Замовте для мене телячу печеню.

Прошу дуже. Будете щось пити?

Принесіть мені склянку пива!

Ясне, темне?

Темне, прошу. І то скоро, я не маю багато часу.

А, це йде скоро.

Так принесіть мені якийсь часопис!

Прошу дуже, вже.

Idioms.

Тримати в таємниці.	To keep something secret.
Тримати язик за зубами.	To keep one's mouth shut.

Vocabulary.

всеплодючий (-ча,-че)	very fertile	будувати (-ую,-уєш)	to build
глибина (-ни) F	depth	вести (веду,ведеш)	to lead
крапля (-лі) F	drop	нехай	let (imp)
щоб	so that	мовити (-влю,-виш)	to speak
бій (бою) M	battle, struggle	радити (-джу,-диш)	to advise
теплота (-ти) F	warmth	лізти (-зу,-зеш)	to crawl
розширювати (-ю,-юєш)	to extend	влучать (-аю,-аєш)	to strike, to score a hit
чистити (чищу,чистиш)	to purify, to clean		
чуття (-тя) N	feelings, emotion	киснути (-ну,-неш)	to turn sour
відновлювати (-ю,-юєш)	to renew	бубнити (-ню,-ниш)	to drum
безграничний (-на,-не)	limitless	Божий (-жа,-же)	God's, divine
будити (-джу,-диш)	to awaken	багно (-на) N	bog, marsh
налити (fut. наллю,наллєш)	to pour in	сквернити (-ню,-ниш)	to blacken, to defile
слово (-ва) N	word		
стрясати (-аю,-аєш)	to shake	дурити (-рю,-риш)	to deceive
громовий (-ва,-ве)	thunder-like	Вкраїна = Україна	
власть (-ті) F	power, force	Тичина (-ни)	Tychyna
неправда (-ди) F	lie	Павло (-ла)	Paul
палити (палю,палиш)	to burn	милий (-ла,-ле)	pleasant
вічний (-на,-не)	eternal	скакати (-чу,-чеш)	to jump
путо (-та) N	chain	враг = ворог	
ламати (-аю,-аєш)	to break	пильнувати (-ную,-нуєш)	to guard
ясність (-ности) F	brightness	просо (-са) N	millet
кривда (-ди) F	injustice	лівиця (-ці) F	left hand
сконати (fut. -аю,-аєш)	to die	правиця (-ці) F	right hand

ресторан (-у)M	restaurant	поручити (-аю,-аєш)	to recommend
карта страв = стравопис		будь ласка	be so good
стравопис (-у)M	menu	телячий (-ча,-че)	veal (adj)
капустяник (-а)M	cabbage pie	печеня (-ні) F	steak
веґетаріянський (-ка,-ке)	vegetarian	пюре (-ре)N	puree
зрештою	besides	яєшня (-ні) F	omelette
смачний (-на,-не)	tasty	замовити (fut.-влю,-виш)	to order
я бажав би	I should like	отже	well, then
меню	menu	темний (-на,-не)	dark
а ля карт	à-la-carte	темне пиво	stout

ТРИДЦЯТЬ П'ЯТА ЛЕКЦІЯ   THIRTY FIFTH LESSON

The Verb (Imperfective and Perfective Aspects)

The Future Tense

До дуба.

Нехай гнеться лоза

Куди вітер пожене,

Не обходить вона

Ні мене ні тебе,

Може й важко її

Може й спина болить

Але буря її

З корінця не звалить.

На болоті росте

І слабая сама

Вона гнеться собі

Бо в їй сили нема.

Вона гнеться собі

І так вік проживе

І без слави в багні,

Як трава зогниє.

Як трава-осока,

Зогниє у багні

І хіба лиш комар

Заспіває по ній...

Нехай гнеться лоза

А ти дубе кріпись

Ти рости та рости,

Не хились, не кривись!

Ти глибоко у глиб

Твердий корінь пусти, -

Гілля вгору розкинь,

Та рости, та рости!

І до пе́кла діста́нь,
І у пе́кло загля́нь,
І до хма́ри загля́нь,
І на не́бо погля́нь.

І ввесь світ обдиви́сь,
І усе́ розпізна́й,
І що до́брого є, -
Ти у се́бе впива́й.

І у си́лі, в добрі́,
Як скала́ затверді́й,
І як Бог світови́й,
На сторо́жі ти стій.

І пташки́ світові́
Защебе́чуть тобі́;
І співа́к одпічне́
Заспіва́є тобі́.

А як бу́ря лиха́
Тебе́ з мі́сця зіб'є́
Або́ хма́ра гора́
Тебе́ гро́мом уб'є́, -

Світ почу́є ту смерть
І пові́тря здрижи́ть,
І лі́си загуду́ть,
І земля́ задвижи́ть;

І пташки́ пролетя́ть,
Спогада́ють тебе́, -
І співа́к перейде́,
Не забу́де тебе́.

С т е п а́ н Р у д а́ н с ь к и й.

Aspects

Many shades of meaning which in English are often expressed by the progressive form of the verb or by means of adverbial phrases, are expressed in Ukrainian by changes in the verb itself, by the use of a s p e c t s.

Most Ukrainian verbs have two aspects: i m p e r f e c t i v e   and   p e r f e c t i v e.

The majority of simple Ukrainian verbs are of the imperfective aspect. The most characteristic suffixes of the imperfective aspect are: -ати, -увати.

The perfective aspect is formed by altering the verb either by special prefixes or suffixes, or even by altering the root of the verb. The following are the prefixes most often used in forming the perfective aspect of a verb:

    в и-   /нести́ - to carry/   : ви́нести - to carry out

    в і д-   /ходи́ти - to go/   : відхо́дити - to away

    д о-   /води́ти - to lead/   : дово́дити - to bring to

    з а-   /співа́ти - to sing/   : заспіва́ти - to sing

    н а-   /бра́ти - to take/   : набра́ти - to take everything

    п е р е-   /ї́хати - to drive/   : переї́хати - to run over

    п о-   /ї́хати - to drive/   : пої́хати - to drive away

    р о з-   /ки́дати - to throw/   : розки́дати - to throw apart

The most characteristic suffix of the perfective aspect is -нути.

Sometimes a verb in its perfective aspect can be made imperfective by taking the suffix -увати

писа́ти - to write   переписа́ти - to finish writing   перепи́сувати - to copy

2. The difference in meaning between the two aspects is the following:

    The i m p e r f e c t i v e aspect describes an action which

        (a.) is still in progress and is incomplete,

or   (b.) will be taking place in the future,

or   (c.) even if completed, the speaker is not aware of its completion.

In English we express this aspect through the Present Tense, the Present Perfect, the Future Tense, and their corresponding continuous forms.

    The p e r f e c t i v e aspect describes an action or a state already completed or an action the completion of which is being taken for granted.

In English we express this aspect through the Present Perfect, the Past Tense, and the Past Perfect, or by means of phrases signifying completion.

IMPERFECTIVE	PERFECTIVE
я читáв кни́жку - I was reading a book;	я прочитáв кни́жку - I have read a book
кіт пив молокó	кіт ви́пив молокó
брат писáв листá	брат написáв листá
мáти вари́ла обíд	мáти звари́ла обíд
сестрá нéсла кни́жку	сестрá принéсла кни́жку

For the sake of convenience we shall call the verbs as they appear in their aspect forms by the n a m e s of those aspects ("imperfective" and "perfective" verbs).

3. Verbs in both aspects are conjugated in the normal way, except that perfective verbs have no present tense. Their "present tense" form has the meaning of fulfilled future.

читáю	- I am reading	прочитáю	- I shall read
п'ю	- I am drinking	ви́п'ю	- I shall drink
пишý	- I am writing	напишý	- I shall write
варю́	- I am cooking	зварю́	- I shall cook

4. The future tense of all imperfective verbs (i.e. all verbs in their normal form) is formed with the help of the verb бýти (to be) the infinitive of the verb concerned.

1. <u>бýду</u> читáти - I shall read   <u>бýдемо</u> читáти - we shall read
2. <u>бýдеш</u> пи́ти - you will drink   <u>бýдете</u> вари́ти - you will cook
3. <u>бýде</u> писáти - he (she,it) will write   <u>бýдуть</u> нести́ - they will carry

5. Another way of forming the future tense is by adding to the infinitive of the verb, the present of the verb (й)ня́ти (to take):

1. читá<u>тиму</u>	читá<u>тимемо</u>	ми́<u>тиму</u>ся	ми́<u>тимемо</u>ся
2. читá<u>тимеш</u>	читá<u>тимете</u>	ми́<u>тимеш</u>ся	ми́<u>тимете</u>ся
3. читá<u>тиме</u>	читá<u>тимуть</u>	ми́<u>тиме</u>ться	ми́<u>тимуть</u>ся

All verbs can form the future tense in either way.

Conversation:

В готе́лі.

До́брий ве́чір! Діста́ну в вас одноособо́ву кімна́ту?

Прошу́ ду́же. Мо́же потру́дитеся на пе́рший по́верх. Прошу́ сюди́ за мно́ю.

Так, ця кімна́та га́рна, але́ вона́ від ву́лиці. За голо́сно.

Нажа́ль одноособо́ві кімна́ти від огоро́да всі вже за́йняті. Є ще кі́лька ві́льних кімна́т, але́ вони́ дво- а то й триособо́ві.

Скі́льки коштува́тиме нічлі́г у двоособо́вій?

Два до́ляри доро́жче, як в одноособо́вій, зна́чить п'ять до́лярів, а з десяти́ відсо́тками за обслу́гу: п'ять п'ятдеся́т.

То я візьму́ цю двоособо́ву.

Прошу́ ду́же!

Я му́шу за́втра в во́сьмій вста́ти. Не забу́дете мене́ збуди́ти?

Прошу́ ду́же. Цей дзві́нок на поко́ївку, той на послуга́ча. Телефо́н при столі́.

Мо́жу відійти́?

Добра́ніч!

Exercise

Write down all the verbs in their perfective aspects as they occur in the poem by Rudansky.

Idioms.

Доби́ти то́ргу.	To strike a bargain.
Обме́жуватися в вида́тках.	To cut down one's expenses.

Vocabulary.

лоза́ (-зи́) F	osier, reed	в їй = в ній	
погну́ти (fut. -ну́, -не́ш)	to bend	прожи́ти (fut. -живу́, -живе́ш)	to live through, to spend
обхо́дити (-джу, -диш)	to interest	зогни́ти (fut. -ию́, -иє́ш)	to rot
спи́на (-ни) F	back	осока́ (-ки́) F	sedge, rush
болі́ти (-і́ю, -і́єш)	to ache	хіба́	perhaps
корі́нець (-нця) M (dim)	root	лиш	only
звали́ти (fut. -лю́, -лиш)	to pull down	кома́р (-а́) M	mosquito
боло́то (-та) N	mud		

заспівати (fut. -аю,-аєш)	to sing, to lament
кріпитися (-плюся,-пишся)	to grow strong
хилитися (-люся,-лишся)	to bend down
кривитися (-влюся,вишся)	to curve
глибоко	deeply
глиб (-у) M	depth
твердий (-да́,-де́)	hard
корінь (-реня) M	root
пустити (fut. пущу́,пустиш)	to release, to let go, to strike
гілля (-ля) N	branches
вгору	upwards
розкинути (fut.-ну,-неш)	to spread, to throw out
пекло (-ла) N	hell
дістати (fut. -ану,-анеш)	to get, to reach
заглянути (fut.-ну,-неш)	to peep, to look
обдивитися (fut. обдивлюся, обдивишся) to look around	
розпізнати (fut. -аю,-аєш)	to recognize
впивати (-аю,-аєш)	to drink in
скала (-ли́) F	rock, cliff
затвердіти (fut.-і́ю,-і́єш)	to harden
світовий (-ва́,-ве́)	world (adj)
сторожа (-жі) F	guard
стій!	halt!
защебетати (fut.-бечу,-бечеш)	to begin to chirp
співак (-а́) M	singer
одпочити (fut. -чну́,-чне́ш)	to rest
збити (fut. зіб'ю,зіб'єш)	to knock down
здрижати (fut. -жу́,-жиш)	to tremble
загудіти (fut. -ду́, диш)	to sound
задвижати (fut. -жу́,-жиш)	to tremble
пролетіти (fut. -лечу́,-летиш)	to fly over
спогадати (-аю,-аєш)	to remember
перейти (fut. -йду́,-йдеш)	to walk over (by)
забути (fut. -у́ду,-у́деш)	to forget
Степан (-а)	Stephen
Руданський (-ого)	Rudansky
прочитати (fut. -аю,-аєш)	to read through
випити (fut. -п'ю,-п'єш)	to drink up
написати (fut. -пишу,-пишеш)	to finish writing
варити (-рю́,-риш)	to cook
зварити (fut. -рю́,-риш)	to finish cooking
одноособовий (-ва,-ве)	single, for one person
потрудитися (fut. потру́джуся, потру́дишся) to take the trouble	
сюди	here
кімната (-ти) F	room
голосно	loud, noisy
зайнятий (-та,-те)	occupied
двоособовий (-ва,-ве)	double
триособовий (-ва,-ве)	for three persons
нічліг (-у) M	one night's lodging
обслуга (-ги) F	service
збудити (fut. -джу,-диш)	to wake
дзвінок (-нка́) M	bell
покоївка (-ки) F	maid servant
послугач (-а́) M	bellboy
відійти (fut. -йду́,-йдеш)	to go away

ТРИДЦЯТЬ ШО́СТА ЛЕ́КЦІЯ   THIRTY SIXTH LESSON

The Verb - Durative and Iterative Aspects of Imperfective Verbs

Present and Past Participles

The Gerund

Passive Voice

В е с н а́   в   У к р а ї́ н і.

Надворі весна вповні. Куди не глянь - скрізь розвернулося, розпустилося, зацвіло пишним цвітом. Ясне сонце, тепле й приязне, ще не вспіло наложити палючих слідів на землю: як на Великдень дівчина красується вона у своїм розкішнім убранні...

Поле - що безкрає море - скільки зглянеш - розіслало зелений килим, аж сміється в очах. Над ним синім шатром розіпнялося небо - ні плямочки, ні хмарочки: чисте прозоре - погляд так і тоне... З неба, як розтоплене золото, ллється на землю блискуче світло сонця; на ланах грає соняшна хвиля; під хвилею спіє хліборобська доля... Буяє вона вгору; зеленіє як рута... Легенький вітерець подихає з теплого краю, перебігає з нивки на нивку, живить, освіжає кожну билинку.... І ведуть вони між собою тиху - таємну розмову: чути тільки шелест жита, травиці. А згори лине жайворонкова пісня: доноситься голос, як срібний дзвіночок, тремтить переливається, застигає в повітрі. Перериває його перепелячий крик, зірвавшись угору; заглушає докучне сюрчання трав'яних коників, що як не розірвуться - і все те зливається до купи в якийсь чудний гомін, вривається в душу...

Панас Мирний.

1. The **imperfective** verbs divide into **durative** and **iterative** aspects. The durative aspect expresses duration of an action; the iterative aspect - a recurring action or state.

DURATIVE: листонош несе листа-
the postman is carrying a letter (once)

пекар везе хліб-
the baker is delivering bread (once)

учитель веде сьогодні дітей на прогулянку-
the teacher is taking the children for a walk today

ITERATIVE: листонош носить листи-
the postman carries letters (habitually)

пекар возить печиво-
the baker delivers bread (habitually)

учитель водить часто дітей на прогулянку-
the teacher often takes the children for a walk

2. The iterative verbs can be distinguished from the durative and perfective verbs by a changed stem vowel and a different ending.

DURATIVE: нести, несу, несеш...to carry
вести, веду, ведеш...to lead
летіти, лечу, летиш..to fly

ITERATIVE: носити, ношу, носиш...to carry (habitually)
водити, воджу, водиш..to lead (habitually)
літати, літаю, літаєш.to fly (habitually)

PERFECTIVE: замести́, замету́, заметеш... — to sweep

ITERATIVE: заміта́ти, заміта́ю, заміта́єш...to sweep (habitually)

ви́брати, ви́беру, ви́береш... — choose

вибира́ти, вибира́ю, вибира́єш...to choose (habitually)

3. The **p r e s e n t   p a r t i c i p l e** is formed by adding to the first person singular (present tense) the ending -чий (-ча,-че)

    m a s c u l i n e: беру́чий — taking   зна́ючий — knowing
    f e m i n i n e: беру́ча (from: бра́ти to take)   зна́юча (from: зна́ти to know)
    n e u t e r: беру́че   зна́юче

In some cases the endings of the present participle are -щий,-ща,-ще

E.g. Усе тінь мину́ща; одна́ річ живу́ща : світ з Бо́гом (при́повідка).

4. The **p a s t   p a r t i c i p l e** is formed by adding to the singular masculine form of the past tense the endings -ший,-ша,-ше

    m a s c u l i n e: бра́вший — having taken   зна́вший — having known
    f e m i n i n e: бра́вша   зна́вша
    n e u t e r: бра́вше   зна́вше

The present and past participles are very seldom used in Ukrainian.

5. The past participle of the passive voice has the following endings: -ний, -на, -не

    m a s c u l i n e: бра́ний — taken   зна́ний — known
    f e m i n i n e: бра́на   зна́на
    n e u t e r: бра́не   зна́не

Verbs ending in -увати change their unaccented у to an accented о:

    мурува́ти — to build;   муро́ваний
    лікува́ти — to cure;   лiко́ваний
    E x c e p t i o n: си́лувати — to force;   си́луваний

6. Besides the endings -ний,-на,-не, the past participle passive has the endings -ений, -ена, -ене

The following verbs take -ений, -ена,-ене :

a. verbs ending in -нути, -ити, -іти

    e.g. ки́нути - to throw   ки́нений, ки́нена, ки́нене

         роби́ти - to do   ро́блений, ро́блена, ро́блене

b. verbs of the first conjugation with a consonant stem which remains the same in all forms of the present tense:

    e.g. па́сти - to tend cattle   пасу́, пасе́ш,... пасе́ний, пасе́на, пасе́не

E x c e p t i o n s :

a. Some verbs ending in -нути can have their past participle passive terminated in -утий, -ута, -уте as well as -ений, -ена, -ене

    e.g. ки́нути   ки́нений, -ена, -ене   ки́нутий, -ута, -уте

b. Verbs би́ти (to beat), ми́ти (to wash), ду́ти (to blow), те́рти (to rub), тя́ти (to cut) and a few others form their past participle passive by taking endings -тий, -та, -те

    би́тий - beaten   ду́тий - blown   тя́тий - cut

    ми́тий - washed   те́ртий - grated

7. All participles are used as and declined like adjectives.

8. The Ukrainian **g e r u n d** is really a shortened participle form and is in fact a verbal adverb. Like adverbs the gerunds are indeclinable. They are formed similarly to participles. Their use in Ukrainian corresponds to the English adverbial participle.

    e.g. ідучи́ - while walking   стоячи́ - while standing

9. The **p r e s e n t   g e r u n d** is formed by adding in the 3rd person plural (present tense) the ending -чи instead of -ть

    бра́ти - to take   беру́ть - they take   беручи́ - taking, while taking

    зна́ти - to know   зна́ють - they know   зна́ючи - knowing, while knowing

(Коза́к).. іде́ в степ, а йдучи́ співа́ сумно (Т.Шевче́нко). Ловці́ обере́жно поступа́ли да́лі, дря́паючись по ви́вертах, перескаку́ючи з пня на пень, запа́даючи нера́з по по́яс у порохно́ та ло́ми (І.Франко́). І, вагу́ несучи́ ту страшну́ю, бу́ду пі́сню весе́лу співа́ть (Л.Украї́нка).

10. The p a s t   g e r u n d is formed from the masculine form of the past tense by adding the ending -ши

        взяв - he took   взявши - having taken

        знав - he knew   знавши - having known

П р и п о в і д к а : Не спитавши броду, не лізь у воду.

11. The p a s s i v e   v o i c e which is formed with the help of the verb б у т и is very seldom used in Ukrainian.

    пес був битий;   книжка буде віддана

The subject of the verb then takes the instrumental case:

    пес був битий <u>хлопцем</u>;   книжка буде <u>мною</u> віддана

Instead of the passive voice, in Ukrainian we use most often the impersonal form, especially where there is no subject.

    Thus, instead of   пес був битий   we usually say: пса бито (обили)

                      книжка буде віддана   книжку віддадуть

C o n v e r s a t i o n :

                                Н а   д в і р ц і .

        Вибачте, коли відходить потяг до Львова?

Він сьогодні спізнений двадцять хвилин. Значить відійде 12,35.

        Прошу білет третьої кляси до Галича.

Швидкий чи особовий потяг?

        Особовий. Чи можу відразу купити карту на місце?

Прошу дуже. Вам у Станиславові треба пересідати до львівського потягу.

        Немає безпосереднього вагону до Львова?

Є, але в вечірньому потягу.

        Носію, беріть оці дві валізи й цей клунок.

Чи зайняти вам місце?

        Так, моя карта на місце число 38, третя кляса. Я йду тимчасом

        до буфету. Ви ждіть мене в ждальні третьої кляси.

Idioms.

Якнайдо́вше.	As long as possible.
Якнайбі́льше.	As much as possible.

Vocabulary.

вповні	in full (bloom)
гля́нути (fut.-ну,-неш)	to look
розверну́тися (fut. -ну́ся,-не́шся)	to unfold
розпусти́тися (fut. -пу́щуся,-пу́стишся)	to burgeon
зацвісти́ (fut. -іту́,-іте́ш)	to blossom
пи́шний (-на,-не)	gorgeous
цвіт (-у) M	flower, blossom
при́язний (-на,-не)	friendly
вспі́ти (fut.-і́ю,-і́єш)	to be in time
наложи́ти (fut.-жу,-жиш)	to lay (on)
палю́чий (-ча,-че)	burning, scorching
слід (-у) M	trace, mark
красува́тися (-у́юся,-у́єшся)	to show off, to parade in
згля́нути (fut. -ну,-неш)	to see
розісла́ти (fut. -ішлю́,-ішле́ш)	to spread, to unfold
кили́м (-а) M	carpet
шатро́ (-а́) N	tent, canvas
розіпна́тися (fut.-ну́ся,-не́шся)	to stretch oneself out
пля́мочка (-ки) F (dim)	speck, spot
хма́рочка (-ки) F (dim)	cloud
прозо́рий (-ра,-ре)	transparent
по́гляд (-у) M	vision
убра́ння (-ня́) N	dress
розто́плений (-на,-не)	molten, melted
лля́тися (ллю́ся,лле́шся)	to pour (down)
блиску́чий (-ча,-че)	brilliant, shining
со́няшний (-на,-не)	sunny
спі́ти (-і́ю,-і́єш)	to ripen, to mature
буя́ти (-я́ю,-я́єш)	to grow luxuriously, to luxuriate
зелені́ти (-і́ю,-і́єш)	to grow green
ру́та (-ти) F	rue
леге́нький (-ка,-ке)	very light
вітере́ць (-рця́) M	breeze, soft wind
подиха́ти (-а́ю,-а́єш)	to breathe
перебіга́ти (-а́ю,-а́єш)	to run over
ни́вка (-ки) F (dim)	field, plain
живи́ти (-влю́,-виш)	to animate, to feed
освіжа́ти (-а́ю,-а́єш)	to refresh
били́нка (-ки) F	plant
таємни́й (-на,-не)	secret, mysterious
ше́лест (-у) M	rustle
трави́ця (-ці) F	grass
лину́ти (-ну,-неш)	to float
жа́йворонковий (-ва,-ве)	skylark's
доноси́тися (-о́шуся,-о́сишся)	to ring, to resound
дзвіно́чок (-чка) M	little bell
застига́ти (-а́ю,-а́єш)	to cease abruptly, to become still
перелива́тися (-а́юся,-а́єшся)	to overflow
перерива́ти (-а́ю,-а́єш)	to interrupt
перепеля́чий (-ча,-че)	quail's
крик (-у) M	croaking
зірва́тися (fut. -ву́ся,-ве́шся)	to start up
доку́чний (-на́,-не́)	tiresome
сюрча́ння (-ня) N	chirping
трав'яни́й (-на,-не)	grass
ко́ник (-а) M	horse, pony
трав'яни́й ко́ник	grasshopper
розірва́тися (fut. -ву́ся,-ве́шся)	to burst, to swell to the point of bursting
до ку́пи	together
чудни́й (-на́,-не́)	wonderful
го́мін (-мону) M	melody, sound
врива́тися (-а́юся,-а́єшся)	to pierce
заглуша́ти (-а́ю,-а́єш)	to muffle
Пана́с (-а)	Panas
Ми́рний (-ого)	Myrny
листоно́ш (-а) M	postman
пе́кар (-я) M	baker
везти́ (-зу́,-зе́ш)	to deliver
пе́чиво (-ва) N	bread, rolls
води́ти (-джу́,-диш)	to lead
літа́ти (-а́ю,-а́єш)	to fly
замести́ (fut.-мету́,-мете́ш)	to sweep up
ви́брати (fut.-беру́,-бере́ш)	to elect
вибира́ти (-а́ю,-а́єш)	to be in the process of electing (or selecting)
су́мно	sadly
лове́ць (-вця́) M	hunter
обере́жно	cautiously
поступа́ти (-а́ю,-а́єш)	to go forward, to progress
дря́патися (-аюся,-аєшся)	to climb
ви́верт (-у) M	uprooted tree
перескаку́вати (-кую,-куєш)	to jump over
запада́ти (-а́ю,-а́єш)	to fall under
нера́з	many times
по́яс (-а) M	waist, belt
порохно́ (-на́) N	mould
лім (ло́му) M	quarry
страшни́й (-на́,-не́)	frightful

брід (броду) м	ford	спізнений (-на,-не)	late, overdue
лізти (-зу,-зеш)	to crawl, to creep	відійти (fut.-йду,-йдеш)	to leave
забрати (fut. -беру,-береш)	to take, to carry away	Галич (-а) м	Halych
минущий (-ща,-ще)	passing, fleeting	швидкий (-ка,-ке)	fast, express
живущий (-ща,-ще)	living	особовий (-ва,-ве)	passenger (adj)
мурувати (-рую,-руєш)	to build in brick	відразу	at once
лікувати (-кую,-куєш)	to cure	карта на місце	seat ticket
силувати (-лую,-луєш)	to force, to compel	Станиславів (-вова)м	Stanyslaviv
кинути (fut.-ну,-неш)	to throw	пересідати (-аю,-аєш)	to change trains
дути (дую,дуєш)	to blow	безпосередній (-ня,-не)	direct
терти (тру,треш)	to rub, to grate	львівський (-ка,-ке)	of Lviw
тяти (тну,тнеш)	to cut	вагон (-у) м	carriage
віддати (fut.-дам,-даси)	to return, to give back	вечірній (-ня,-нє)	evening, night (adj)
двірець (-рця)м	railway station	носій (-ія) м	porter
відходити (-джу,-диш)	to go away, to leave (of trains)	валіза (-зи)F	case, trunk
потяг (-у)м	train	зайняти (fut. -йму,-ймеш)	to occupy
		тимчасом	in the meantime
		буфет (-у) м	buffet, lunch counter
		ждальня (-ні)F	waiting room

ТРИДЦЯТЬ СЬОМА ЛЕКЦІЯ   THIRTY SEVENTH LESSON

The Verb - Subjunctive Mood

The Third Conjugation

Голод.

Хоч би світало... Мамо хліба!

Підвівся батько: замовчи!

Коло вогню в вагоні збились

І мруть голодні втікачі.

І дим їм очі виїдає.

Мороз проходить аж в кістки.

А за вагоном крик і гомін,

Обмін, торгівля і свистки.

В лахмітті, в скорбі, в болячках

Зігнулась мати. В щось дитя

Укутала, та все: ну, спати

Повік заснуло б ти... Життя!

Прийшли сюди, а голод з нами

Й нема людей поміж людей

Ти чув?... недавно десь тут жінка

Зварила двох своїх дітей...

Одскочив батько: божевільна!

Мовчи, мовчи! До чого це?

Схопилась мати й закричала,

А батько плюнув їй в лице...

Павло Тичина.

1. The subjunctive (conditional) mood of the present tense is formed by adding би (or after a vowel б) to the past form of the verb concerned:

        він робив <u>би</u> - he would work (or: if he work)

        вона робила <u>б</u> - she would work (or: if she work)

        воно знало <u>б</u> - it would know (or: if it know)

S u b j u n c t i v e mood is used in Ukrainian whenever we want to convey a p o s s i b i l i t y, a s u p p o s i t i o n or a c o n d i t i o n.

2. The subjunctive mood of the past tense is formed by adding був, була, було to the subjunctive present:

        він робив би <u>був</u> - he would have worked

        вона робила б <u>була</u> - she would have worked

        воно <u>було</u> б знало - it would have known

3. All verbs ending in the second person singular in -си belong to the third conjugation.

    e.g. їсти - to eat; дати - to give; оповісти - to narrate

T h i r d c o n j u g a t i o n:

P r e s e n t:	1st person:	sing: їм	pl: їмо́
	2nd person	їси́	їсте́
	3rd person	їсть	їдять

P a s t:	їв, ї́ла, ї́ло
F u t u r e:	бу́ду ї́сти (ї́стиму)
G e r u n d P r e s e n t:	ї́дячи́
G e r u n d P a s t:	ї́вши
P r e s e n t P a r t i c i p l e:	---
P a s t P a r t i c i p l e:	ї́джений, -ена, -ене
S u b j u n c t i v e P r e s e n t:	я їв би, ти їв би, він їв би, вона́ ї́ла б, воно́ ї́ло б ....
S u b j u n c t i v e P a s t:	я їв би був, ти їв би був, він їв би був,...
I m p e r a t i v e:	їж, ї́жмо, ї́жте

The verb бу́ти used to belong to the third conjugation and still retains some of its forms which are now used only in poetical language:

єси́ - thou art;   єсть he(she,it)is; суть - they are

Єсть на сві́ті до́ля, а хто її зна́є? Єсть на сві́ті во́ля, а хто її ма́є?
Дух, що пройня́в єси́ все, хто ти єсть? (П.Тичи́на)   (Т.Шевче́нко)

4. R e c a p i t u l a t i o n .

It is very important to distinguish clearly between the stems of the p r e s e n t   t e n s e and the stems of the i n f i n i t i v e forms of Ukrainian verbs, as from these two stems all the different tenses are formed.

   a. From the stem of the P r e s e n t :

      1. The Present: їд-у́, їд-е́ш,……   буду́-ю, буду́-єш,……

      2. The Imperative: їд-ь, їд-ьмо,…   буду́-й, буду́-ймо,……

      3. The Gerund Present: їд-учи́   буду́-ючи

   b. From the stem of the I n f i n i t i v e :

      1. The Infinitive: ї́ха-ти   будува́-ти

      2. The Past: ї́ха-в, ї́ха-ла, ї́ха-ло,..   будува́-в, будува́-ла, будува́-ло,.

      3. The Gerund Past: ї́ха-вши   будува́-вши

      4. The Past Participle Passive: (пере)ї́ха-ний, будо́ва-ний, -на, -не
                                       -на, -не

Apart from those simple forms there are the c o m p o u n d forms of the verb to which we must pay particular attention:

      1. The Future: бу́ду ї́хати or: ї́хатиму….   бу́ду будува́ти or: будува́тиму..

      2. The Subjunctive Mood: я ї́хав би……   я був би будува́в….

      3. The Passive Voice: (дім) бу́де будо́ваний

      4. The Past Perfect Tense (very seldom used) which is formed by the past tense of бу́ти and the past tense of the verb concerned:

      я ї́хав був - I had ridden   я будува́в був - I had built

      ти ї́хав був ….   ти будува́в був ….

      вона́ ї́хала була́   вона́ будува́ла була́

      воно́ ї́хало було́ …..   воно́ будува́ло було́ …..

5. PARALLEL CONJUGATIONS OF VERBS.

Imperfective:	Perfective:
INFINITIVE	INFINITIVE
нести́	ви́нести
PRESENT TENSE	(Present Tense form) FUTURE TENSE
несу́	ви́несу
PRESENT PARTICIPLE (Active)	------------
несу́чий, -ча, -че	
GERUND PRESENT	------------
несучи́	
GERUND PAST	------------
ні́сши	
FUTURE TENSE	------------
бу́ду нести́ (or: нести́му)	
PAST TENSE	PAST TENSE
ніс	ви́ніс
PAST PARTICIPLE (Passive)	PAST PARTICIPLE (Passive)
не́сений, -на, -на	ви́несений, -на, -не
PAST PERFECT TENSE	PAST PERFECT TENSE
ніс був	ви́ніс був
SUBJUNCTIVE	SUBJUNCTIVE
ніс би	ви́ніс би
IMPERATIVE	IMPERATIVE
неси́	ви́неси

Conversation:

У лі́каря.

Па́не до́кторе, мене́ боли́ть осьту́т, у бо́ці.

Віддавна ма́єте ці бо́лі?

Вже ма́йже ти́ждень.

За́раз обслі́дуємо. Боли́ть тут?

Ні, трохи нижче. Тепер вище, вище; так тут!

Чи гарячка в вас є?

Ні, тільки підгорячковий стан увечері.

Ага. Покажіть, будь ласка, язик. Так. А тепер говоріть "а".

А, а, а. Ах! Тепер мене заболіло.

Так. Це подражнення сліпої кишки.

Чи треба оперувати?

Ні, покищо немає нічого грізного. Вам треба їсти легкі страви, городину, головно компоти.

А як далі болітиме?

Тоді положіться до ліжка й робіть зимні оклади. Тут вам рецепта на пігулки. Тричі по одній денно.

Дуже дякую. Скільки належиться?

Ви з каси хорих чи приватно?

Приватно.

Так тоді за першу візиту 5 долярів, за кожну чергову 2 доляри.

Прошу дуже. До побачення.

Idioms.

Перевертати кому в голові.	To turn somebody's head.
Зірвався як опарений.	He shot up like a scalded cat.

Vocabulary.

голод (-у) M	hunger, famine	кістка (-ки) F	bone
хоч би	if only	крик (-у) M	outcry
світати (-áє)	to dawn	гомін (-мону) M	noise
підвестися (fut. -едуся, -едешся)	to get up	торгівля (-лі) F	bargaining, trade
замовчати (fut. -чу, -чиш)	to become silent (quiet)	обмін (-у) M	exchange
мерти (мру, мреш)	to die	свисток (-тка) M	whistle
збитися (fut. зіб'юся, зіб'єшся)	to crowd together	лахміття (-тя) N	rags
втікач (-а) M	refugee	скорб (-у) M	sorrow
дим (-у) M	smoke	болячка (-ки) F	boil, carbuncle
виїдати (-аю, -аєш)	to sting, to eat	зігнутися (fut. -нуся, -нешся)	to bend
проходити (-джу, -диш)	to penetrate	укутати (fut. -аю, -аєш)	to wrap up
		повік	for ever
		недавно	not long ago

одско́чити (fut.-чу,-чиш)	to jump back	показа́ти (fut.-кажу́,-ка́жеш)	to show
мовча́ти (-чу,-чиш)	to be silent	язи́к (-а) M	tongue
божеві́льний (-на,-не)	insane, mad	заболі́ти (fut.-і́ю,-і́єш)	to hurt, to ache
схопи́тися (fut.-плю́ся,-пишся)	to spring up	подра́жнення (-ня) N	irritation
закрича́ти (fut.-чу́,-чи́ш)	to cry out	сліпа́ кишка́	appendix
плю́нути (fut.-ну,-неш)	to spit	оперува́ти (-у́ю,-у́єш)	to operate
лице́ (-ця́) N	face	поки́що	as yet, so far
ї́сти (їм, їси́)	to eat	грі́зний (-на́,-не́)	serious, dangerous
да́ти (fut. дам, даси́)	to give	компо́т (-у) M	stewed fruit
оповісти́ (fut.-ві́м,-ві́си)	to narrate	да́лі	further
пройня́ти (fut.-йму́,-йме́ш)	to penetrate	положи́тися (fut.-жуся,-жишся)	to lie down
ви́митися (fut.-миюся,-миєшся)	to have a good wash	о́клад (-у) M	compress, poultice
осьту́т	right here	реце́пта (-ти) F	prescription
бік (бо́ку) M	side	пігу́лка (-ки) F	pill
біль (бо́лю) M	pain	належа́тися (-жи́ться)	to owe (money)
обслі́дувати (-дую,дуєш)	to examine	ка́са хо́рих	health insurance
тро́хи	a little	прива́тно	privately
ни́жче	lower down	візи́та (-ти) F	visit
підгорячко́вий (-ва,-ве)	semi-feverish	чергови́й (-ва́,-ве́)	following, next
стан (-у) M	state, condition	голо́вно	most of all
ви́нести (fut.-несу,-несеш)	to carry out		

ТРИ́ДЦЯТЬ ВО́СЬМА ЛЕ́КЦІЯ   THIRTY EIGHTH LESSON

The Adverb

The Preposition

The Interjection

Запові́т.

Як умру́, то похова́йте
Мене́ на моги́лі,
Се́ред сте́пу широ́кого
На Вкраї́ні ми́лій:
Щоб лани́ широкопо́лі
І Дніпро́, і кру́чі
Було́ ви́дно, - було́ чу́ти
Як реве́ реву́чий!

Як понесе́ з Украї́ни
У си́нєє мо́ре

Кров воро́жу, - отоді́ я
І лани́ і го́ри -
Все поки́ну і полину́
До са́мого Бо́га
Моли́тися... А до то́го -
Я не зна́ю Бо́га!

Похова́йте та встава́йте,
Кайда́ни порві́те,
І вра́жою злою кро́в'ю
Во́лю окропі́те!

> І мене́ в сім'ї́ вели́кій,
> В сім'ї́ во́льній, но́вій,
> Не забу́дьте пом'яну́ти
> Незли́м, ти́хим словом!

Тара́с Шевче́нко.

I. Apart from adverbs formed in the normal way from adjectives (see Lesson 27) there are a few Ukrainian adverbs which are formed from certain verbal forms, and also some independent adverbs formed with the help of special endings.

    a. derived from verbal forms:

віда́й	- apparently	/from the imperative of віда́ти - to know/
неха́й	- let	/from the verb неха́ти - to let/
мо́же	- perhaps	/3rd person sing. from могти́ - to be able/
мабу́ть	- perhaps, maybe	/really: ма́є бу́ти - may be/

    b. the following suffixes are also used in the formation of adverbs:

-де, -уди, -ки, -іля; mostly expressing p l a c e:
- ніде́ - nowhere
- деі́нде - elsewhere
- о́сьде - here
- ту́тки - here
- всю́ди - everywhere
- звідкіля́ - where from

-ді; mostly expressing t i m e:
- отоді́ - then
- і́ноді - rarely

-ма, -ми; mostly expressing m a n n e r:
- дарма́ - in vain
- ве́льми - very

2. Ukrainian p r e p o s i t i o n s can be divided into groups according to the cases they govern:

    GENITIVE: без - without   бі́ля - at, near

GENITIVE:	від	- from	коло	- at, by
	для	- for	край	- at the side of
	(і)зза-	from behind	після	- after
	замість	- instead	серед	- among, within
DATIVE:	ік, к	- to		
ACCUSATIVE:	крізь	- through	за	- behind, for
	через	- through	під	- under
	про	- of, about		
INSTRUMENTAL:	між	- between	перед	- before
	межи	- between	за	- after, behind
	над	- over		
LOCATIVE:	в	- in	при	- at
	на	- on		

Some prepositions can govern two different cases to express a different meaning:

ACCUSATIVE:	на гору	- up the mountain	на поле	- into the field
or				
LOCATIVE:	на горі	- on the mountain	на полі	- in the field
ACCUSATIVE:	між люди	- into the midst of people	між гори	- into the mountains
or				
INSTRUMENTAL:	між людьми	- among people	між горами	- between the mountains
GENITIVE:	за дня	- during the day	за Мазепи	- at the time of Mazeppa
or				
ACCUSATIVE:	за день	- in a day	за дерево	- behind the tree (to go)
or				
INSTRUMENTAL:	за днем	- (day) after day	за деревом	- behind the tree (to be)

134

GENITIVE:	у батька - at father's	в мене - by me
or
ACCUSATIVE:	у батька - in father	в мене - in me
or
LOCATIVE:	у батьку - in father	в мені - inside me

3. **E x c l a m a t i o n s   a n d   i n t e r j e c t i o n s** express directly our feeling of:

    joy: ex! ей! гей! еге! гей-га!

    pain: ой! ах! ай-ай! горе! леле!

    surprise: але! овва! то-то!

    doubt: гм! ба!

    request: пст! галло!

    abhorrence: брр! фуй! фе!

Many interjections are imitations of natural sounds and voices:

бах! бебех! бовть! грим! гуп! дзень-дзелень! ляп! т(а)рах! шушу!

4. It is possible to form verbs from nearly all interjections:

    ба́хнути   - to go off with a bang

    бебе́хнути - to fall plop

    гри́мати   - to be noisy

5. Some interjections can have more than one "verbal" form:

    геть! - go away(sing) гетьте! - go away (plur)

                  Гетьте, думи, ви хмари осінні! (Леся Українка)

    цить! - be quiet(sing) цитьте! - be quiet (plur)

                  Цитьте! - гукнули й стратеги. (Павло Тичина)

C o n v e r s a t i o n:

                П р и   т е л е ф о́ н і.

Галло! Редакція "Голосу".   - Тут друкарня. Прошу головного редактора!

Галло! Тут редактор!   - Пане редакторе, передовиця змінена.

Ах! Невже?   - Що даємо на її місце?

Гм! Чи встигнемо на час? — Встигнемо, всі наші сторінки вже на машині.

Ага! А що зі статтею Левченка? — Вона вже складена, але ще не зроблена коректа.

Так давайте в першій шпальті останні новини, а в другій комунікат "Зембанку". — Добре, а як цього буде мало?

Тоді мусить піти Левченкова стаття й останні новини — Це краще.

А поспішайте з роботою! — Но, но! Ми знаємо, що пошта не жде!

То всього кращого! — До побачення!

Idioms.

Переливати з пустого в порожнє. To chatter about nothing.
Як грім з ясного неба. A bolt from the blue.

Vocabulary.

заповіт (-у) M	legacy, testament	тутки	here
умерти (fut. умру, умреш)	to die	всюди	everywhere
поховати (fut. -аю, -аєш)	to bury	іноді	sometimes
могила (-ли) F	tomb, mound	дарма	in vain
широкополій (-ля, -лє)	rolling	вельми	very
круча (-чі) F	craggy bank	для	for
видно	visible	(і)зза	from behind
ревіти (-ву, -веш)	to roar	після	after
ревучий (-ча, -че)	roaring	ік, к	to
понести (fut. -несу, -несеш)	to carry away	Вкраїна Україна	the Ukraine
отоді	only then	через	through
ворожий (-жа, -же)	enemy (adj)	крізь	through
окропити (fut. -плю, -пиш)	to drench	межи	between
покинути (fut. -ну, -неш)	to leave	бахнути (fut. -ну, -неш)	to go off with a bang
полинути (fut. -ну, -неш)	to soar, to fly	бебехнути (fut. -ну, -неш)	to fall plop
порвати (fut. -ву, -веш)	to smash	гримати (-аю, -аєш)	to be noisy
вражий = ворожий		геть(те)!	(go) away!
вольний (-на, -не)	free	дума (-ми) F	thought, poem
новий (-ва, -ве)	new	цить(те)!	be quiet!
пом'янути (fut. -ну, -неш)	to remember	гукнути (fut. -ну, -неш)	to call out
відай	apparently	стратег (-а) M	strategist
мабуть	perhaps	галло!	hallo!
ніде	nowhere	редакція (-ії) F	editor's office
деінде	elsewhere	голос (-у) M	voice
осьде	here	друкарня (-ні) F	printing works
		головний (-на, -не)	main, chief

редактор (-а) M	editor	складений (-на,-не)	set together
передовиця (-ці) F	leading article	коректа (-ти) F	proofs
змінений (-на,-не)	changed, altered	зробити (fut.-блю,-биш)	to make ready
невже?	really?	шпальта (-ти) F	column
гм!	hm!	новина (-ни) F	news
сторінка (-ки) F	page	комунікат (-у) M	announcement
машина (-ни) F	machine	Зембанк (-у) M	Agricultural Bank
ага!	oh, yes!	піти (fut. піду, підеш)	to go
стаття (-ті) F	article	поспішати (-аю,-аєш)	to hurry
Левченко (-ка)	Levchenko	пошта (-ти) F	mail

ТРИДЦЯТЬ ДЕВ'ЯТА ЛЕКЦІЯ   THIRTY NINTH LESSON

The Conjunction

Some Hints about Ukrainian Syntax

Літературна анексія.

Історикові українського письменства доводиться зразу ж таки натрапляти на ті самі труднощі, що й історикові українського життя. Наше старе письменство, як і стара історія наша, підпало анексії дужчого сусіди і довгий час вважалось за його неподільне добро - за його історію, за його письменство. В звичайних шкільних схемах історії письменства старий період приточується безпосередньо до пізнішого письменства московської Руси і тим самим до новітнього письменства російського, минаючи або тільки по дорозі згадуючи увесь середній період українського письменства...

Це перший наслідок згаданої анексії. Другий, не менш прикрий, це те, що сучасне українське письменство висить немов у повітрі, не маючи собі ніякого коріння в минулому. Тимто й так зване літературне відродження українського народу з кінця XVIII віку стає перед нами таким голосним фактом, бо сталося воно наче якось несподівано, наче якийсь цілком новий шлях розпочало собою в духовому житті України.

Тимчасом ніякої несподіванки тут нема... Нове українське письменство не з голови Котляревського зродилось, як Венера з шумовиння морського, а було тільки дальшим неминущим протягом того літературного процесу, що в головах у себе має тисячелітню традицію, зав'язками своїми входить в глиб віків...

                                               Сергій Єфремов.

1. In Ukrainian, as in English, conjunctions are divided into:

    a. c o o r d i n a t i n g (linking words and clauses which are not dependent on one another)

    b. s u b o r d i n a t i n g (linking a dependent clause with a main clause)

Coordinating conjunctions are divided into:

c o p u l a t i v e: і, й, та, тай (and) теж, також (also)

a d v e r s a t i v e: або́ (but) або́ - або́ (either - or)

i l l a t i v e: а́дже (yet) же (yet)

c o n s e c u t i v e: ти́мто, тому́ (that, therefore)

Subordinating conjunctions are divided into:

a p p o s i t i v e: що, на́чеб (that)

Він ка́же, що не ма́є ча́су. Поголо́ска на́чеб то Аме́рика заключи́ла догові́р з Кита́єм, показа́лася неправди́вою.

t e m p o r a l: коли́ (when)

Коли́ мину́ло тата́рське лихолі́ття, насе́лення Украї́ни віджи́ло.

c a u s a l: тому́ що, бо (since, as, because)

Тому́ що в ме́не нема́ гроше́й, не мо́жу тобі́ нічо́го пози́чити. Він не прийшо́в, бо лежи́ть хо́рий.

c o n s e c u t i v e: що (so that)

На́пад був таки́й си́льний, що во́рог пода́вся наза́д. Він тепе́р так за́йнятий, що не ма́є ча́су на прохі́д.

f i n a l: щоб (in order that, that)

Не живемо́ на те, щоб ї́сти, але́ їмо́ на те, щоб жи́ти.

c o n d i t i o n a l: якщо́ (if) якби́ (if, in case)

Якщо́ ти не при́йдеш до во́сьмої годи́ни, то ми ї́демо без те́бе. Якби́ я була́ зна́ла, була́ б іна́кше зроби́ла.

c o n c e s s i v e: хоч (although) хоч би (no matter how)

Він з приро́ди до́бра люди́на, хоч із ви́гляду цього́ не пізна́ти. Хоч би не знати як його́ проси́ли, він цього́ не зро́бить.

c o m p a r a t i v e: як (as)

Не таки́й чорт страшни́й, як його́ малю́ють. Як собі́ посте́лиш, так ви́спишся.

2. In Ukrainian there are two main types of simple s e n t e n c e, each with the verb in a different position:

    a. the verb in the middle of the sentence:

        Хліборо́б о́ре ни́ву. Ба́тько ла́є си́на за недозво́лений прохі́д.

b. sentences (mostly expressing questions or invitations) start with a verb:

Прийдеш сьогодні ввечері до мене? Беріть же, будь ласка, цього торта, спробуйте, чи він дійсно такий смачний.

Otherwise the order of words is much freer than in English. Contrary to the English word order, in Ukrainian the stressed (emphasized) word appears at the beginning, not at the end of the sentence:

Батько дав синові книжку (а не мати).

Дав синові батько книжку (не позичив).

Книжку дав батько синові (а не олівець).

Синові дав батько книжку (а не дочці).

Знання мови.

Чи говорите по-українськи?	– Я досить добре розумію, але говорити мені ще важко.
Довго вчитеся цієї мови?	– Вже два місяці.
А! То говорите вже дуже добре	– Мені легше приходиться писати.
А, звичайно. Тоді є час до надуми, а то й до словника можна заглянути.	– Вибачайте, коли я часом зле висловлюся.
Так дозвольте, що я тоді вас поправлю.	Прошу дуже. А як це сказати по-українськи
Це називається по-українськи "памфлет".	Так, це звучить подібно як англійське
Тільки зверніть, прошу, увагу на наголос і вимову.	pamphlet, тільки має інший наголос.
Чи знаєте ще яку іншу мову крім української?	Так, добре знаю італійську, а слабо французьку.

Exercise

Compare Prof. C.A. Manning's translation of Shevchenko's "Legacy" with its original on p. 131.

The Testament

When I die, O lay my body
In a lofty tomb
Out upon the steppes unbounded
In my dear own Ukraine;
So that I can see before me
The wide stretching meadows
And Dnipro, its banks so lofty,
And can hear it roaring,
As it carries far from Ukraine
Into the blue sea
All our foemen's blood - and then
I will leave the meadows
And the hills and fly away
Unto God Himself....
For a prayer.... But till that moment
I will know no God.
Bury me and then rise boldly,
Break in twain your fetters
And with foul blood of foemen
Sprinkle well your freedom.
And of me in your great family,
When it's freed and new,
Do not fail to make a mention
With a soft kind word.

Idioms.

Вона́ на вро́ду га́рна.	She is very beautiful.
Впада́ти в о́чі.	To catch one's eye.

Vocabulary.

літерату́рний (-на,-не)	literary	сере́дній (-ня,-нє)	middle (adj)
ане́ксія (-ії) F	annexation	нaслі́док (-дка) M	result, consequence
істо́рик (-а) M	historian	згада́ти = зга́дувати	
письме́нство (-ва) N	literature	при́крий (-ра,-ре)	unpleasant
зра́зу	at once	суча́сний (-на,-не)	modern, contemporary
таки́	yet, but		
натрапля́ти (-я́ю,-я́єш)	to encounter	висі́ти (вишу́,виси́ш)	to hang
тру́днощі (-ів) PL	difficulties	корі́ння (-ня) N	roots
істо́рія (-ії) F	history	так зва́ний	so called
підпа́сти (fut.-паду́,-паде́ш)	to fall victim	відро́дження (-ня) N	rebirth
сусі́да (-ди) M	neighbor	факт (-у) M	fact
вважа́ти (-а́ю,-а́єш)	to regard	несподі́ваний (-на,-не)	unexpected
неподі́льний (-на,-не)	indivisible	цілко́м	entirely
звича́йний (-на,-не)	normal	шлях (-у) M	way, direction
шкі́льний (-на́,-не́)	school (adj)	розпоча́ти (fut.-пічну́,пічне́ш)	to begin
схе́ма (-ми) F	plan, syllabus	духо́вий (-ва,-ве)	spiritual
пері́од (-у) M	period	несподі́ванка (-ки) F	surprise
прито́чувати (-ую,-уєш)	to cite	зроди́тися (fut.-джуся,-дишся)	to be born
безпосере́дньо	immediately	шумови́ння (-ня) N	foam
нові́тній (-ня,-нє)	modern	морськи́й (-ка́,-ке́)	of the sea
росі́йський (-ка,-ке)	Russian	неминучи́й (-ща,-ще)	inevitable
зга́дувати (-ую,-уєш)	to mention	про́тягом	during, throughout

процес (-у) M	process, development
тисячелітній (-ня,-нє)	1000 year old
традиція (-ії) F	tradition
зав'язок (-зку) M	origin, seed
входити (-джу,-диш)	to reach into
адже	yet
же	but, however
поголоска (-ки) F	rumour
начеб	that, as if
заключати (-аю,-аєш)	to conclude
договір (-ору) M	agreement
Китай (-аю) M	China
показатися (fut.-жуся,-жешся)	to turn out
неправдивий (-ва,-ве)	untrue
лихоліття (-тя) N	hard times
населення (-ня) N	population
віджити (fut.-живу,-живеш)	to revive
тому що	as, because
позичити (fut.-ичу,-ичиш)	to lend
лежати (-жу,-жиш)	to lie down
напад (-у) M	attack
податися (fut.-амся,-ашся)	to retreat
прохід (-ходу) M	walk
якщо	if
якби	if
інакше	otherwise
вигляд (-у) M	appearance, view
чорт (-а) M	devil
постелити (fut.-лю,-лиш)	to make a bed
виспатися (fut.-плюся,-пишся)	to have one's sleep out
орати (орю, ореш)	to plow
нива (-ви) F	field
лаяти (лаю, лаєш)	to scold, to abuse
недозволений (-на,-не)	not allowed
торт (-а) M	cake
спробувати (fut.-ую,-уєш)	to try
дійсно	really, in fact
олівець (-вця) M	pencil
по-українськи (-ому)	(in) Ukrainian
знання (-ня) N	knowledge
мова (-ви) F	language
вчитися (вчуся, вчишся)	to learn
легше	easier
мені легше приходиться писати	writing comes easier to me
звичайно	of course
надума (-ми) F	deliberation, thought
словник (-а) M	dictionary
висловитися (fut.-люся,-вишся)	to express oneself
зле	badly
дозволити (fut.-лю,-лиш)	to allow
поправити (fut.-влю,-виш)	to correct
памфлет (-у) M	pamphlet
звернути (fut.-ну,-неш)	to direct
увага (-ги) F	attention
наголос (-у) M	accent, stress
вимова (-ви) F	pronunciation
звучати (-чу,-чиш)	to sound
подібно	similarly, alike
англійський (-ка,-ке)	English
італійський (-ка,-ке)	Italian
французький (-ка,-ке)	French
слабо	not very well

ТРÉТЯ ЧАСТИ́НА   PART THREE

GRAMMATICAL TABLES

NOUNS - MASCULINE

Hard Declension

	sg.	pl.	sg.	pl.
nom.	брат	брати́	дім	доми́
gen.	бра́та	брати́в	до́му	домі́в
dat.	бра́тові	брата́м	до́мові	дома́м
acc.	бра́та	брати́в	дім	доми́
voc.	бра́те	брати́	до́ме	доми́
inst.	бра́том	брата́ми	до́мом	дома́ми
loc.	(в)бра́тові	(в)брата́х	(в)до́мі	(в)дома́х

Soft Declension

	sg.	pl.	sg.	pl.
nom.	хло́пець	хло́пці	край	краї́
gen.	хло́пця	хло́пців	кра́ю	краї́в
dat.	хло́пцеві	хло́пцям	кра́єві	кра́ям
acc.	хло́пця	хло́пців	край	краї́
voc.	хло́пче	хло́пці	кра́ю	краї́
inst.	хло́пцем	хло́пцями	кра́єм	кра́ями
loc.	(в)хло́пці (-еві)	(в)хло́пцях	(в)кра́ю(-ї)	(в)кра́ях

Mixed Declension

	sg.	pl.	sg.	pl.
nom.	ніж	ножі́	сто́ляр	столярі́
gen.	ножа́	ножі́в	сто́ляра	столярі́в
dat.	ноже́ві	ножа́м	сто́ляреві	столяра́м
acc.	ніж	ножі́	сто́ляра	столярі́в
voc.	но́жу	ножі́	сто́ляре	столярі́
inst.	ноже́м	ножа́ми	сто́лярем	столяра́ми
loc.	(в)ножі́(-у́)	(в)ножа́х	(в)сто́ляреві	(в)столяра́х

Adjectival Declension

	sg.	sg.	pl.
nom.	Ки́їв	Павли́шин	Павли́шини
gen.	Ки́єва	Павли́шина	Павли́шиних
dat.	Ки́єву	Павли́шинові	Павли́шинам
acc.	Ки́їв	Павли́шина	Павли́шинів
voc.	Ки́єве	Павли́шине	Павли́шини
inst.	Ки́євом	Павли́шином	Павли́шинами
loc.	(в)Ки́єві	(в)Павли́шині (-ові)	(в)Павли́шинах

NOUNS - FEMININE

Hard Declension   Mixed Declension

	sg.	pl.	sg.	pl.
nom.	ха́та	хати́	ро́жа	ро́жі
gen.	ха́ти	хат	ро́жі	рож
dat.	ха́ті	хата́м	ро́жі	ро́жам
acc.	ха́ту	хати́	ро́жу	ро́жі
voc.	ха́то	хати́	ро́же	ро́жі
inst.	ха́тою	хата́ми	ро́жею	ро́жами
loc.	(в)ха́ті	(в)хата́х	(в)ро́жі	(в)ро́жах

Soft Declension

nom.	земля́	зе́млі	наді́я	наді́ї
gen.	землі́	земе́ль	наді́ї	наді́й
dat.	землі́	зе́млям	наді́ї	наді́ям
acc.	зе́млю	зе́млі	наді́ю	наді́ї
voc.	зе́мле	зе́млі	наді́є	наді́ї
inst.	земле́ю	зе́млями	наді́єю	наді́ями
loc.	(в)землі́	(в)зе́млях	(в)наді́ї	(в)наді́ях

Consonant Declension

nom.	ніч	но́чі	по́вість	по́вісті
gen.	но́чі	ноче́й	по́вісту	по́вісте́й
dat.	но́чі	ноча́м	по́вісті	по́вістям
acc.	ніч	но́чі	по́вість	по́вісті
voc.	но́че	но́чі	по́вісте	по́вісті
inst.	ні́ччю	ноча́ми	по́вістю	по́вістями
loc.	(в)ночі́	(в)ноча́х	(в)по́вісті	(в)по́вістях

NOUNS - NEUTER

Hard Declension   Mixed Declension

nom.	село́	се́ла	ві́че	ві́ча
gen.	села́	сіл	ві́ча	віч
dat.	селу́	се́лам	ві́чу	ві́чам
acc.	село́	се́ла	ві́че	ві́ча
voc.	село́	се́ла	ві́че	ві́ча
inst.	село́м	се́лами	ві́чем	ві́чами
loc.	(в)селі́	(в)се́лах	(у)ві́чу	(у)ві́чах

Soft Declension

nom.	мі́сце	місця́	весі́лля	весі́лля
gen.	місця́	місць	весі́лля	весі́ль
dat.	місцю́	місця́м	весі́ллю	весі́ллям
acc.	мі́сце	місця́	весі́лля	весі́лля
voc.	мі́сце	місця́	весі́лля	весі́лля
inst.	мі́сцем	місця́ми	весі́ллям	весі́ллями
loc.	(в)мі́сці	(в)місця́х	(в)весі́ллі(-ю)	(в)весі́ллях

Consonant Declension

nom.	ягня́	ягня́та	лоша́	лоша́та
gen.	ягня́ти	ягня́т	лоша́ти	лоша́т
dat.	ягня́ті	ягня́там	лоша́ті	лоша́там
acc.	ягня́	ягня́та	лоша́	лоша́та
voc.	ягня́	ягня́та	лоша́	лоша́та
inst.	ягня́м	ягня́тами	лоша́м	лоша́тами
loc.	(в)ягня́ті	(в)ягня́тах	(в)лоша́ті	(в)лоша́тах

ADJECTIVES

Hard

	singular			plural
	M.	F.	N.	all genders:
nom.	до́бр**ий**	до́бр**а**	до́бр**е**	до́бр**і́**
gen.	до́бр**ого**	до́бр**ої́**	до́бр**ого**	до́бр**их**
dat.	до́бр**ому**	до́бр**і́й**	до́бр**ому**	до́бр**им**
acc.	до́бр**ий**, -**ого**	до́бр**у**	до́бр**е**	до́бр**і́**, -**их**
voc.	до́бр**ий**	до́бр**а**	до́бр**е**	до́бр**і́**
inst.	до́бр**им**	до́бр**ою**	до́бр**им**	до́бр**ими**
loc.	(в)до́бр**і́м** (-**ому**)	(в)до́бр**і́й**	(в)до́бр**і́м** (-**ому**)	(в)до́бр**их**

Soft

nom.	си́н**ій**	си́н**я**	си́н**є**	си́н**і**
gen.	си́нь**ого**	си́нь**ої́**	си́нь**ого**	си́н**іх**
dat.	си́нь**ому**	си́н**ій**	си́нь**ому**	си́н**ім**
acc.	си́н**ій**, -**нього**	си́н**ю**	си́н**є**	си́н**і**, -**іх**
voc.	си́н**ій**	си́н**я**	си́н**є**	си́н**і**
inst.	си́н**ім**	си́нь**ою**	си́н**ім**	си́н**іми**
loc.	(в)си́н**ім** (-**ньому**)	(в)си́н**ій**	(в)си́н**ім** (-**ньому**)	(в)си́н**іх**

PRONOUNS

Personal

nom.	я	ти	він	вона́	воно́
gen.	ме́не	тебе́	його́ (ньо́го)	її́ (не́ї)	його́ (ньо́го)
dat.	мені́	тобі́	йому́ (ньо́му)	їй	йому́ (ньо́му)
acc.	ме́не	тебе́	його́ (ньо́го)	її́ (не́ї)	його́ (ньо́го)
voc.	я	ти			
inst.	мно́ю	тобо́ю	ним	не́ю	ним
loc.	(в)мені́	(в)тобі́	(в)нім,(в)ньо́му	(в)ній	(в)нім,(в)ньо́му

nom.	ми	ви	вони́
gen.	нас	вас	їх
dat.	нам	вам	їм
acc.	нас	вас	їх
voc.	ми	ви	
inst.	на́ми	ва́ми	ни́ми
loc.	(в)нас	(в)вас	(в)них

Possessive

nom.	мі**й**	мо**я́**	мо**є́**	мо**ї́**
gen.	мо**го́**	мо**є́ї**	мо**го́**	мо**ї́х**
dat.	мо**му́**, мо**єму́**	мо**ї́й**	мо**му́**, мо**єму́**	мо**ї́м**
acc.	мо**го́**, мі**й**	мо**ю**	мо**є́**	мо**ї́х**, мо**ї́**
voc.	мі**й**	мо**я́**	мо**є́**	мо**ї́**
inst.	мо**ї́м**	мо**є́ю**	мо**ї́м**	мо**ї́ми**
loc.	(в)мо**ї́м**,(в)мо**єму́**	(в)мо**ї́й**	(в)мо**ї́м**,(в)мо**єму́**	(в)мо**ї́х**

nom.	на**ш**	на́**ша**	на́**ше**	на́**ші**
gen.	на́**шого**	на́**шої**	на́**шого**	на́**ших**
dat.	на́**шому**	на́**шій**	на́**шому**	на́**шим**
acc.	на́**шого**, наш	на́**шу**	на́**ше**	на́**ших**, на́**ші**
voc.	на**ш**	на́**ша**	на́**ше**	на́**ші**
inst.	на́**шим**	на́**шою**	на́**шим**	на́**шими**
loc.	(в)на́**шім**,(в)на́**шому**	(в)на́**шій**	(в)на́**шім**,(в)на́**шому**	(в)на́**ших**

Demonstrative

nom.	цей	ця	це	ці
gen.	цього́	ціє́ї	цього́	цих
dat.	цьому́	цій	цьому́	цим
acc.	цього́, цей	цю	це	цих, ці
voc.	цей			ці
inst.	цим	ціє́ю	цим	ци́ми
loc.	(в)цім, (в)цьому	(в)цій	(в)цім, (в)цьому	(в)цих

nom.	той	та	те	ті
gen.	того́	тіє́ї(то́ї)	того́	тих
dat.	тому́	тій	тому́	тим
acc.	того́, той	ту	те, то	тих, ті
voc.	той			ті
inst.	тим	тіє́ю	тим	ти́ми
loc.	(в)тім, (в)тому	(в)тій	(в)тім, (в)тому	(в)тих

VERBS

First Conjugation

Present Tense:
1. несу́   несемо́
2. несе́ш   несете́
3. несе́   несу́ть

Past Tense:
1. я ніс, несла́, несло́   ми несли́
2. ти ніс, несла́, несло́   ви несли́
3. він ніс, вона́ несла́, воно́ несло́   вони́ несли́

Future Tense:
1. бу́ду нести́ (не́стиму)   бу́демо нести́ (не́стимемо)
2. бу́деш нести́ (не́стимеш)   бу́дете нести́ (не́стимете)
3. бу́де нести́ (не́стиме)   бу́дуть нести́ (не́стимуть)

Subjunctive Present: я ніс би....

Subjunctive Past: я ніс би був...

Imperative:
2. неси́   1. несім(о)
3. хай несе́   2. несі́ть
    3. хай несу́ть

Infinitive: нести́

Present Participle: несу́чий, -ча, -че

Past Participle: не́сений, -на, -не

Gerund Present: несучи́

Gerund Past: ні́сши

Present Tense:	1. зна́ю	зна́ємо
	2. зна́єш	зна́єте
	3. зна́є	зна́ють

Past Tense:	1. я знав, зна́ла, зна́ло	ми зна́ли
	2. ти знав, зна́ла, зна́ло	ви зна́ли
	3. він знав, вона́ зна́ла, воно́ зна́ло	вони́ зна́ли

Future Tense:	1. бу́ду зна́ти (зна́тиму)	бу́демо зна́ти (зна́тимемо)
	2. бу́деш зна́ти (зна́тимеш)	бу́дете зна́ти (зна́тимете)
	3. бу́де зна́ти (зна́тиме)	бу́дуть зна́ти (зна́тимуть)

Subjunctive Present: я знав би....

Subjunctive Past: я знав би був....

Imperative:	2. знай	1. зна́ймо
	3. хай зна́є	2. зна́йте
		3. хай зна́ють

Infinitive: зна́ти

Present Participle: зна́ючий, -ча, -че

Past Participle: зна́ний, -на, -не

Gerund Present: зна́ючи

Gerund Past: зна́вши

Second Conjugation

Present Tense:	1. хвалю́	хва́лимо
	2. хва́лиш	хва́лите
	3. хва́лить	хва́лять

Past Tense:	1. я хвали́в, хвали́ла, хвали́ло	ми хвали́ли
	2. ти хвали́в, хвали́ла, хвали́ло	ви хвали́ли
	3. він хвали́в, вона́ хвали́ла, воно́ хвали́ло	вони́ хвали́ли

Future Tense:	1. бу́ду хвали́ти (хвали́тиму)	бу́демо хвали́ти (хвали́тимемо)
	2. бу́деш хвали́ти (хвали́тимеш)	бу́дете хвали́ти (хвали́тимете)
	3. бу́де хвали́ти (хвали́тиме)	бу́дуть хвали́ти (хвали́тимуть)

Subjunctive Present: я хвали́в би....   Subj. Past: я хвали́в би був....

Imperative:	2. хвали́	1. хвалі́м(о)
	3. хай хвали́ть	2. хвалі́ть
		3. хай хваля́ть

Infinitive: хвали́ти

Present Participle: хваля́чий, -ча, -че   Past. Part: хва́лений, -на, -не

Gerund Present: хваля́чи   Gerund Past: хвали́вши

VOCABULARY

Wherever necessary, meanings other than those given in lesson vocabularies are noted.

А

а	and, but, oh	Амéрика (-ки) F	America
абó	or	америкáнець (-нця) M	American
абó - абó	either - or	англíєць (-йця) M	Englishman
áвто (-та) N	car	англíйський (-ка, -ке)	English
автоводíй (-ія) M	driver	Áнглія (-ії) F	England
агá	oh, yes	Андрíй (-ія)	Andrew
áдже	yet	анéксія (-ії) F	annexation
Áзія (-ії) F	Asia	áні - áні	neither - nor
аквáрій (-ія) M	aquarium	антрацúт (-у) M	anthracite
акт (-у) M	document, act	артемíвський (-кá, -ке)	Artemiv's
алé	but, however	артúст (-а) M	actor, artist
а ля кáрт	à la cart	архíв (-у) M	archives

Б

б = би		байкáр (-аря́) M	writer of fables
бáба (-би) F	grandmother, woman	бáрва (-ви) F	color
бавóвна (-ни) F	cotton	барвúстий (-та, -те)	colorful, gay
багáтий (-та, -те)	rich, wealthy	бáтько (-ка) M	father
багáто	much, many	бáхнути (fut. -ну, -неш)	to go off with a bang
багáтство (-ва) N	riches, wealth	Бачвáнці (-ів) PL	Bachvans (Ukrainians in Yugoslavia)
багнéт (-а) M	bayonet	бебéхнути (fut. -ну, -неш)	to fall plop
багнó (-нá) N	swamp, bog, marsh	без	without
бажáти (-áю, -áєш)	to desire, to wish	бéзвість (-сти) F	nowhere, unknown lands
базáр (-у) M	market, store	безгранúчний (-на, -не)	limitless, boundless
байдýже	all the same, indifferently	безкрáїй (-ая, -ає)	limitless
бáйка (-ки) F	fable	безмéжний (-на, -не)	limitless

146

безнаді́я (-і́ї) F	hopelessness	блиску́чий (-ча,-че)	shining, brilliant
безо́дня (-ні) F	abyss, precipice	блисті́ти (блищу́,блисти́ш)	to shine
безпосере́дній (-ня,-нє)	direct, immediate	блуди́ти (-джу́,-диш)	to err, to lose one's way
безпосере́дньо	immediately	бо	because, as
безриб'я (-б'я) N	drought of fishes	Бог (-а) M	God
безхліб'я (-б'я) N	famine, shortage of bread	Богда́н (-а)	Bohdan
бе́резень (-зня) M	March	Богда́нів (-нова,-нове)	Bohdan's
бе́ріг (-рега) M or:бе́рег	bank, shore	божеві́льний (-на,-не)	mad, insane
би	(conditional) used in Subjunctive Mood	Бо́жий (-жа,-же)	God's, divine
били́нка (-ки) F	plant, reed	болга́рин (-а) M	Bulgarian
би́тва (-ви) F	battle	болі́ти (-і́ю,-і́єш)	to hurt, to ache
би́тися (б'ю́ся,б'є́шся)	to fight	боло́то (-та) N	mud
бібліоте́ка (-ки) F	library	боля́чка (-ки) F	boil, carbuncle
бі́гти (біжу́,біжи́ш)	to run	бо́ндар (-я) M	cooper
бі́дний (-на,-не)	poor, dejected	борода́ (-ди́) F	chin, beard
бій (бо́ю) M	battle, fight	боро́тися (борю́ся,борешся)	to struggle, to fight
бік (бо́ку) M	side	боротьба́ (-би́) F	fight, struggle
біле́т (-а) M	ticket	бо́сий (-са,-се)	barefooted
бі́лий (-ла,-ле)	white	бо́чка (-ки) F	barrel
бі́ля	near, at	боя́тися (бою́ся,бої́шся)	to fear, to be afraid
біля́вий (-ва,-ве)	whitish	брат (-а) M	brother
біль (бо́лю) M	pain, ache	бра́ти (беру́,бере́ш)	to take
бі́льше	more	бра́тів (-ового)	brother's
біс (-а) M	devil, unwanted person	братова́ (-во́ї) F	sister-in-law
блаки́тний (-на,-не)	blue	бра́товий (-ва,-ве)	brother's
бли́жній (-ня,-нє)	near, neighborly	брені́ти (-ню́,-ни́ш)	to buzz
близьки́й (-ка́,-ке́)	near (adj)	брід (бро́ду) M	ford
бли́зько	near, approximately	бруна́тний (-на,-не)	brown
блискави́ця (-ці) F	lightning	бубни́ти (-ню́,-ни́ш)	to drum

буди́ти (-джу́,-диш)	to wake	бу́ря (-рі)F	storm, gale
будува́ти (-у́ю,-у́єш)	to build	бур'я́н (-ну́)M	weed(s)
будь ла́ска	if you please, be so kind	бу́ти (я є, ти є)	to be
буди́к (-а́) M	thistle	бу́ти при́кро	to be sorry
бунті́вни́чий (-ча,-че)	rebellious	буфе́т (-у) M	buffet, lunch counter
бурха́ти (-а́ю,-а́єш)	to rage	буя́ти (-я́ю,-я́єш)	to grow luxuriously

В

в	in	ведмедя́ (-я́ти)N	bear cub
ваго́н (-у)M	carriage	ведмі́дь (-ме́дя)M	bear
важки́й (-ка́,-ке́)	heavy, difficult	везти́ (-зу́,-зе́ш)	to cart, to drive, to deliver
ва́жко	difficult	ве́летень (-тня) M	giant
вака́ції (-ій)PL	holidays	"Вели́ка П'я́тниця"	Good Friday
вал (-у) M	pile, dyke, mole	вели́кий (-ка,-ке)	big, great
валі́за (-зи) F	trunk, suit case	Вели́кий ти́ждень	Holy Week
вам (from:ви) dat.	to you, you	Велик(о)день (-дня)M	Easter
ванта́жний (-на,-не)	heavily loaded, freight	вели́чний (-на,-не)	grand, splendid, sublime
вари́ти (-рю́,-риш)	to cook	ве́льми	very
ва́рт(ий) (-та,-те)	worth(y)	верблю́д (-а)M	camel
ваш (ва́ша,ва́ше)	your(s)	ве́ресень (-сня) M	September
вважа́ти (-а́ю,-а́єш)	to regard, to pay attention	верну́тися (fut.-ну́ся,-нешся)	to come back, to return
ввесь (вся,все) = уве́сь (уся́,усе́)	all, total	верста́ (-ти́)F	verst (Ukr. measure, about 1170 yards)
вгорі́	above	верта́тися (-а́юся,-а́єшся)	to go back, to turn back
вго́ру	up, upwards	верх (-а) M	top, peak, summit
вдво́є	doubly	ве́рхній (-ня,-нє)	top, upper
вдо́ма	at home	верхо́м	on horseback
вдру́ге	for the second time	весі́лля (-ля)N	wedding
вдя́чний (-на,-не)	grateful	весна́ (-ни́) F	spring
веґетарія́нський (-ка,-ке)	vegetarian	вести́ (веду́,веде́ш)	to lead
ведме́диця (-ці)F	she bear	вече́ря (-рі) F	supper

вече́ряти (-яю,-яєш)	to have supper	виноку́р (-а)М	vintner
ве́чір (ве́чора)М	evening	ви́пити (fut. -п'ю,-п'єш)	to drink up, to have a drink
вечі́рній (-ня,-нє)	evening (adj)	висва́тувати (-ую,-уєш)	to help in matchmaking
ве́штатися (-аюся,-аєшся)	to stroll about, to saunter	висі́ти (вишу́,ви́сиш)	to hang
вже	already	ви́словитися (fut.-люся,-вишся)	to express oneself
ви	you	висо́кий (-ка,-ке)	tall, high
вибача́йте! = ви́бачте!	excuse me!	ви́соко	high up
вибира́ти (-а́ю,-а́єш)	to select, to take out, to elect	високодосто́йний (-на,-не)	esteemed, honorable
вибі́лювати (-юю,-юєш)	to whiten	ви́спатися (fut. -плюся,-пишся)	to have one's sleep out
ви́брати (fut. ви́беру,ви́береш)	to choose, to select, to elect	виста́ва (-ви)F	store window, exhibition
ви́верт (-у)М	uprooted tree	виступа́ти (-а́ю,-а́єш)	to be prominent, to appear
ви́вести (fut.-еду,-едеш)	to rear, to lead out	ви́сунутий (-та,-те)	exposed, standing out
ви́гляд (-у)М	look, appearance, outlook	ви́терти (fut. ви́тру,ви́треш)	to wipe
вида́ток (-тка)М	expense, expenditure	ви́тріщити (fut. -щу,-щиш) очі	to stare
ви́дно	visibly, clearly (it is clear)	вишина́ (-ни́)F	height
ви́дужати (fut.-аю,-аєш)	to recover	вишне́вий (-ва,-ве)	cherry, cerise
ви́значний (-на,-не)	outstanding	ви́шня (-ні) F	cherry
виїда́ти (-а́ю,-а́єш)	to eat everything up, to sting	вівто́рок (-ті́рка)М	Tuesday
ви́йти (fut.-йду,-йдеш)	to go out, to walk away	вівця́ (-ці́)F	sheep
ви́кидати (-аю,-аєш)	to throw out, to eject	від	from, than
ви́крутка (-ки)F	screwdriver	віда́й	perhaps
вилки́ (-ло́к)PL	fork	відбува́тися (-а́юся,-а́єшся)	to take place
ви́митися (fut.-ниюся,-миєшся)	to have a good wash	віддава́ти (-аю,-аєш)	to give back, to return
вимо́ва (-ви)F	pronunciation	відда́вна	for a long time
ви́м'я (-ени) N	udder	відда́ти (fut.-да́м,-даси́)	to give back
винахі́дник (-а)М	inventor	ві́дділ (-у)М	compartment, section, department
ви́нен = ви́нний	guilty, owing	відзна́чення (-ня)N	distinction, decoration
ви́нести (fut.-несу́,-несе́ш)	to carry out	відійма́ння (-ня)N	subtraction
вино́ (-на́) N	wine	відійти́ (fut. -йду́,-йде́ш)	to go away

віджи́ти (fut. -живу́,-живе́ш)	to revive	ві́сім	eight
відно́влювати (-юю,-юєш)	to renew, to renovate	вісімдеся́тий (-та,-те)	eightieth
відо́мий (-ма,-ме)	known, well known, famous	вісімдеся́т	eighty
відо́мо	(well) known (adv)	вісімна́дцятий (-та,-те)	eighteenth
ві́дпис (-у) М	copy	вісімна́дцять	eighteen
відписа́ти (fut -пишу́,-пи́шеш)	to reply by letter	вісімсо́т	eight hundred
відпові́дний (-на,-не)	corresponding, suitable	ві́тер (-тру) М	wind
відпові́сти (fut. -і́м,-іси́)	to reply, to answer	вітере́ць (-рця́) М	light wind, breeze
відпочива́ти (-а́ю,-а́єш)	to rest	ві́че (-ча) N	public meeting
відра́дний (-на,-не)	encouraging	ві́чний (-на,-не)	eternal
відра́зу	at once	віщува́ти (-у́ю,-у́єш)	to prophesy, to forecast
відрізня́ти (-я́ю,-я́єш)	to distinguish	Вкраї́на = Украї́на	the Ukraine
відро́дження (-ня) N	rebirth	вкрива́ти (-а́ю,-а́єш)	to cover, to hide
відсо́ток (-тка) М	percentage	вла́сть (-ти) F	might, power, authority
відхо́дити (-джу,-диш)	to go away, to leave	влі́ті	in summer
відчіпне́ (-но́го) N	pittance	влуча́ть (-а́ю,-а́єш)	to score a hit, to strike
віз (во́за) М	cart,	вмива́тися (-а́юся,-а́єшся)	to wash oneself
візо́к (-зка́) М	handcart, cart	внук (-а) М	grandson
війна́ (-ни́) F	war	вну́чка (-ки) F	granddaughter
ві́йсько (-ка) N	army, armed forces	вовк (-а) М	wolf
військови́й (-ва́,-ве́)	military	во́вна (-ни) F	wool
вік (ві́ку) М	age, century, eternity	вовченя́ (-я́ти) N	wolf cub
вікно́ (-на́) N	window	вовчи́ця (-ці) F	she wolf
віл (вола́) М	ox	вого́нь (-гню́) М	fire
ві́льний (-на,-не)	free	вода́ (-ди́) F	water
ві́льність (-ности) F	freedom	води́ти (-джу́,-диш)	to lead
він (вона́, воно́)	he (she, it)	Водохри́щі (-щів) PL	consecration of water
вінча́тися (-а́юся,-а́єшся)	to wed, to get married	во́здух (-у) М	air
ві́рити (-рю,-риш)	to believe	вози́ти (вожу́, во́зиш)	to transport

волосся (-ся) N	hair	все	all, everything, always
волоцюга (-ги) M	vagabond, tramp	всеплодючий (-ча,-че)	very fertile
воля (-лі) F	will, freedom	всі	all
вольний (-на,-не)	free	вспіти (-ію,-ієш)	to be in time
вона	she	вставати (-таю,-таєш)	to get up
вони	they	встати (fut. встану, встанеш)	to get up
воно	it	вступ (-у) M	entrance (fee)
ворог (-а) M	enemy	вступити (fut. -плю,-пиш)	to join, to drop in
ворожий (-жа,-же)	enemy(adj), hostile	всюди	everywhere
восьмий (-ма,-ме)	eighth	всякий (-ка,-ке)	every kind, all kinds of
воювати (-юю,-юєш)	to fight (a war)	всього	altogether
вояк (-а) M	soldier	всього кращого!	all the best!
впадати = впасти	to fall	втікати (-аю,-аєш)	to flee, to run away
впасти (fut. впаду, впадеш)	to fall	втікач (-а) M	refugee
вперше	for the first time	втіха (-хи) F	joy, pleasure
впивати (-аю,-аєш)	to drink in	втопати (-аю,-аєш)	to sink
вповні	in full, fully	втрете	for the third time
вподоба (-би) F	liking	втроє	trebly
впоряд (-у) M	parade	вугілля (-ля) N	coal
вправляти (-яю,-яєш)	to practise, to exercise	вулиця (-ці) F	street
вражий (-жа,-же)	enemy(adj)	входити (-джу,-диш)	to go in, to reach into
вранці	in the morning	вчасі	during
вриватися (-аюся,-аєшся)	to penetrate	вчитися (вчуся, вчишся)	to learn, to study
врода (-ди) F	beauty	вчора	yesterday
Всеволод (-а)	Vsevolod		

Г

габа (-би) F	cover	гак (-а) M	hook
гад (-а) M	snake, reptile	Галич (-а) M	Halych
гай (-ю) M	copse, grove	галичанин (-а) M	Galician

Галичина́ (-ни́) F	Galicia	годи́на (-ни) F	hour
га́лло́!	hallo!	годи́нник (-а) M	watch, clock
гара́зд (-у́) M	wellbeing, good health, well	го́йда́тися (-а́юся,-а́єшся)	to swing
гарба́р (-а́) M	tanner	го́лий (-ла,-ле)	naked, bare
гарма́та (-ти) F	gun	го́лка (-ки) F	needle
га́рний (-на,-не)	beautiful, nice	голова́ (-ви́) F	head
га́рно	beautifully, well	головни́й (-на́,-не́)	main, chief
гаряче́	hot	го́ловно	mainly, chiefly
гаря́чий (-ча,-че)	hot	го́лод (-у) M	famine, hunger
гаря́чка (-ки) F	fever, high temperature	голо́ден = голо́дний	hungry
ге́ктар (-а) M	hectare	го́лос (-у) M	voice
темати́т (-у) M	haematite, red iron ore	голосни́й (-на́,-не́)	loud
герб (-у) M	coat of arms	го́лосно	loudly
ге́тьман (-а) M	hetman (cossack chieftain)	го́луб (-а) M	cock pigeon
ге́ть(те)!	go away!	голуби́й (-ба́,-бе́)	sky blue
ги́нути (-ну,-неш)	to perish, to die	голу́бка (-ки) F	pigeon
гі́лка (-ки) F dim	bough, small branch	го́мін (-мону) M	peal, sound, noise, melody
гі́лля (-ля) N	branches	гора́ (-ри́) F	mountain
гість (го́стя) M	guest	горб (-а́) M	hill
гле́чик (-а) M	small jug	горі́лка (-ки) F	liquor, spirits
глиб (-у) M	depth	горі́ти (горю́,гори́ш)	to burn
глибина́ (-ни́) F	depth	горня́ (-я́ти) N	mug
глибо́ко	deeply	горобе́ць (-бця́) M	sparrow
гляді́ти (-джу́,ди́ш)	to look	го́род (-а) M	town
гля́нути (fut. -ну,-неш)	to glance, to look	городи́на (-ни) F	vegetables
гм!	hm!	горо́х (-у) M	pea, peas
гніздо́ (-да́) N	nest	го́ряч (-чі) F	heat
гну́тися (гну́ся,гне́шся)	to bend oneself	госпо́дар (-я) M	landlord, farmer
говори́ти (-рю́,-ри́ш)	to speak, to talk	гости́на (-ни) F	visit, reception

гóсті (-тéй) PL	guests
готóвий (-ва,-ве)	ready
град (-у) M	hail
грам (-а) M	gram
грань (-ні) F	border, edge, brink
грáтися (-юся,-єшся)	to play
Григóрій (-ія)	Gregory
гримáти (-аю,-аєш)	to be noisy
гримотіти (-óчу,-óтиш)	to thunder
грізний (-нá,-нé)	menacing, dangerous, serious
грім (грóму) M	thunder
гріти (-íю,-íєш)	to warm, to give out heat
грітися (-íюся,-íєшся)	to warm oneself, to sun oneself
громовий (-вá,-вé)	thundery, thunder-like
грудень (-дня) M	December
грýди (-дéй) PL	breast, breasts
грýша (-ші) F	peartree
гудіти (гудý,гудéш)	to buzz, to hoot
гукнýти (fut. -нý,-нéш)	to call out
гýлянка (-ки) F	dancing

Ґ

ґвинтíвка (-ки) F	rifle
ґранáта (-ти) F	grenade
ґранатóвий (-ва,-ве)	navy blue

Д

давáти (даю́,даєш)	to give
давнó	long ago
далéкий (-ка,-ке)	distant, long
далéко	far
дáлі	further, later on
даль (-лі) F	distance, horizon
Данило (-ла)	Daniel
дармá	in vain
дарóваний (-на,-не)	given as gift, donated
дáти (fut. дам,дасú)	to give
дах (-у) M	roof
два (дві, двóє)	two
двадцятий (-та,-те)	twentieth
двáдцять	twenty
двáдцять один (однá, однé)	twenty one
двáдцять два (дві)	twenty two
дванáдцять	twelve
дві	two
двірéць (-рця) M	railway station
двíсті	two hundred
двíчі	twice
двóє	two, a couple
двоособóвий (-ва,-ве)	double, for two persons
де	where
дев'ятдесят	ninety
дéв'ятеро	nine
дев'ятий (-та,-те)	ninth
дев'ятнáдцятий (-та,-те)	nineteenth
дев'ятнáдцять	nineteen
дев'ятсóт	nine hundred

де́в'ять	nine	ділі́ння (-ня) N	division (math)
деі́нде	elsewhere	ді́ло (-ла) N	action, matter, business, affair
де́нник (-а) M	school register, diary	дільни́ця (-ці) F	quarter, town district
день (дня) M	day	дім (до́му) M	house
де́рево (-ва) N	tree, timber, wood	дімо́к на лі́то	summer house
деся́тий (-та,-те)	tenth	дістава́ти (-таю́,-тає́ш)	to get, to receive
де́сять	ten	діста́ти (fut.-ну,-неш)	to get, to reach
десь	somewhere	діточки́ (-чо́к) PL	small children
де́хто	someone	діямáнт (-у) M	diamond
деше́вий (-ва,-ве)	cheap	для	for
де́що	something	Дніпро́ (-пра́) M	Dnieper
дзвені́ти (-ню́,-ни́ш)	to ring, to sound, to tinkle	Дністе́р (-стра́) M	Dniester
дзвіно́к (-нка́) M	bell	до	to, till
дзвіно́чок (-чка) M	little bell	доба́ (-би́) F	day and night, 24 hours
дзижча́ти (-чу́,-чи́ш)	to buzz, to hum	доби́ти (fut. -б'ю́,-б'є́ш)	to kill, to strike
дзюрча́ти (-чу́,-чи́ш)	to murmur (of water)	добра́ніч!	good night!
диви́тися (-влю́ся,-вишся)	to look	добри́день!	good morning! good day!
Ди́ке По́ле N	The Wild Land (a desolate part of the Ukr. steppe)	до́брий (-ра,-ре)	good
ди́кий (-ка,-ке)	wild	добро́ (-ра́) N	wealth, goodness
дим (-у) M	smoke	доброві́льно	voluntarily
дире́ктор (-а) M	director	добу́ти (fut. -у́ду,-у́деш)	to get, to gain
директо́рова (-вої) F	director's wife	до́вгий (-га,-ге)	long
дити́на (-ни) F	child	довгові́к(ий) (-ка,-ке)	aged, very old
дитя́ (-я́ти) N	baby, child	довко́ла	around, roundabout
дібро́ва (-ви) F	oak grove	довкруги́	roundabout
дівча́ (-а́ти) N	girl, lass	डоводити (-джу,-диш)	to bring to, to lead up to
ді́вчина (-ни) F	girl	дово́дитися (-диться)	to have to, to be obliged to
дід (-а) M	grandfather, old man	дога́на (-ни) F	reprimand, blame
ді́йсно	really	до́говір (-гово́ру) M	pact, agreement

додава́ння (-ня)N	addition (math)
додо́лі	down
дожида́тися (-а́юся,-а́єшся)	to expect, to wait for
дозво́лити (fut.-лю,-лиш)	to allow
до́ки	until
до́ктор (-а)M	doctor, physician
до ку́пи	together
доку́чний (-на́,-не́)	tiresome, boring
до́ля (-лі)F	fate, destiny
до́ляр (-а)M	dollar
дома́шні звіря́та PL	domestic animals
дома́шній (-ня,-нє)	domestic
Доне́цький Басе́йн M	Donets basin
доно́ситися (-о́шуся,-о́сишся)	to ring, to resound
до поба́чення	au revoir, see you later
дорі́жка (-ки)F	gravel path
доро́га (-ги)F	way, road
дороги́й (-га́,-ге́)	dear, expensive
до́сить	enough
до́сі	till now, up to here
доспіва́ти (-ва́ю,-ва́єш)	to ripen, to mature
доста́ва (-ви)F	delivery
доставля́ти (-я́ю,-я́єш)	to deliver
дотри́мати (fut.-аю,-аєш)	to keep
дочка́ (-ки́)F	daughter
дощ (-у́)M	rain
дрімли́вий (-ва,-ве)	drowsy, sleepy
дрімо́та (-ти)F	drowsiness
дру́гий (-га,-ге)	second, other
дру́жба (-би)M	best man
дру́жка (-ки)F	bridesmaid
друк (-у)M	print
друка́рня (-ні)F	printing works
дря́патися (-аюся,-аєшся)	to climb
дуб (-а)M	oak(tree)
дуга́стий (-та,-те)	rainbow like, curved
ду́же	very
ду́жий (-жа,-же)	strong, powerful
ду́ма (-ми)F	thought, song, epic poem
ду́мка (-ки)F	thought, opinion
Дуна́й (-а́ю)M	Danube
дури́ти (-рю́,-риш)	to deceive, to fool
ду́ти (ду́ю,ду́єш)	to blow
дух (-а)M	spirit, ghost
духо́вий (-ва,-ве)	spiritual
душа́ (-ші́)F	soul
дя́кувати (-ую,-уєш)	to thank

E

Евро́па (-пи)F	Europe
електроте́хнік (-а)M	electrician
еміґра́ція (-ії)F	emigration
етнографі́чний (-на,-не)	ethnographic(al)

Є

є	is, are
Євге́н (-а)	Eugene

Ж

ж	yet
жа́ба (-би) F	frog
жа́йворонковий (-ва,-ве)	lark's (adj)
жа́йворонок (-нка) М	lark
жар (-у) М	heat
жарт (-у) М	joke
жартува́ти (-ту́ю,-ту́єш)	to joke
жахті́ти (жахчу́,жахти́ш)	to sparkle
жда́льня (-ні) F	waiting room
жда́ти (жду,ждеш)	to wait
же	yet
жебра́к (-а́) М	beggar
живе́ срібло́ N	mercury, quicksilver
живи́й (-ва́,-ве́)	living, alive, lively
живи́ти (-влю́,-виш)	to nourish, to animate
живу́щий (-ща,-ще)	living
жира́фа (-фи) F	giraffe
жи́ти (живу́, живе́ш or: жию, жиєш)	to live
жи́то (-та) N	rye
життя́ (-тя́) N	life
жі́нка (-ки) F	wife, woman
жо́втень (-тня) М	October
жо́втий (-та,-те)	yellow
жовто-блаки́тний (-на,-не)	yellow and blue
жура́ (-ри́) F	grief, sorrow
журналі́ст (-а) М	journalist

З

з	with, from, out of
за	for, in, during, beyond, too
заболі́ти (fut. -болі́ю,-болі́єш)	to fall ill, to ache
забра́ти (fut. -беру́,-бере́ш)	to take
забу́ти (fut. -у́ду,-у́деш)	to forget
забу́тися (fut. -у́дуся,-у́дешся)	to forget oneself
завдя́чувати (-ую,-уєш)	to owe, to be indebted
за́вжди	always
за́видувати (-ую,-уєш)	to envy
за́втра	tomorrow
зав'язок (-зка) М	origin, germ, ovum
за́гадка (-ки) F	riddle, puzzle
зага́льний (-на,-не)	general, total
заглуша́ти (-а́ю,-а́єш)	to deafen, to muffle
загля́нути (fut. -ну,-неш)	to look in
загуді́ти (fut. -ду́,-де́ш)	to sound, to roar
задвижа́ти (fut. -жу́,-жи́ш)	to tremble, to heave, to shake
зазна́ти = зазнава́ти	to learn, to experience
зазнава́ти (-наю́,-наєш)	to experience
займа́ти (-а́ю,-а́єш)	to occupy, to take
зайня́ти (fut. -йму́,-ймеш)	to occupy
за́йнятий (-та,-те)	occupied, engaged
заклика́ти (fut. -и́чу,-и́чеш)	to call, to exhort
заключа́ти (-а́ю,-а́єш)	to make, to conclude
зако́н (-а) М	law, statute
закрича́ти (fut. -чу́,-чи́ш)	to begin to yell, to cry out
заку́татися (fut. -аюся,-аєшся)	to wrap oneself up
залежа́ти (-жу,-жиш)	to depend

залі́зний (-на,-не)	iron (adj)
замести́ (fut. -мету́,-мете́ш)	to sweep up
заметі́ль (-лі) F	snowstorm
за́мість	instead
замо́вити (fut. -влю,-виш)	to order
замовча́ти (fut. -чу́,-чи́ш)	to become silent
запада́ти (-а́ю,-а́єш)	to fall down, to happen
запали́ти (fut. -лю́,-лиш)	to set on fire, to light
запекти́ (fut. -ечу́,-ече́ш)	to scorch
запові́т (-у) М	legacy, testament
за́раз	at once
зару́чини (-н) PL	engagement
засія́ти (fut. -я́ю,-я́єш)	to shine
заслу́га (-ги) F	merit, credit
заслуго́вувати (-ую,-уєш)	to deserve, to merit
засну́ти (fut. -ну́,-не́ш)	to fall asleep
заспіва́ти (fut.-а́ю,-а́єш)	to sing
застига́ти (-а́ю,-а́єш)	to stiffen, to cease abruptly
затверді́ти (fut. -і́ю,-і́єш)	to harden
зати́хнути (fut. -ну,-неш)	to turn quiet
за́хист (-у) М	shelter, protection
за́хід (-ходу) М	west
захо́дити (-джу,-диш)	to come in, to set, to go down
зацвісти́ (fut. -іту́,-іте́ш)	to blossom
защебета́ти (fut.-е́чу,-е́чеш)	to start chirping
зберіга́ти (-а́ю,-а́єш)	to keep, to preserve
зби́ти (fut. зіб'ю́,зіб'є́ш)	to knock down, to beat up
зби́тися (fut. зіб'ю́ся, зіб'є́шся)	to crowd together
збі́жжя (-жя) N	crop(s)
збір (збо́ру) М	harvest, crop
збі́рка (-ки) F	collection
збуди́ти (fut. -джу,-диш)	to wake
звабли́вий (-ва,-ве)	attractive, enticing
звали́ти (fut. -лю́,-лиш)	to pull down
звари́ти (fut. -рю́,-риш)	to finish cooking
зверну́ти (fut.-ну́,-не́ш)	to turn, to direct
звеселя́ти (-я́ю,-а́єш)	to enliven, to cheer up
звича́йний (-на,-не)	normal, usual
звича́йно	usually
звіри́нець (-нця) М	zoo
звірня́ (-ні́) F	fauna, animals
звіря́ (-я́ти) N	animal
звуча́ти (-чу́,-чи́ш)	to sound
згада́ти (fut. -а́ю,-а́єш)	to mention
зга́дка (-ки) F	mention, remembrance
зга́дувати (-ую,-уєш)	to remember, to mention briefly
зги́нути (fut. -ну,-неш)	to die, to perish
згля́нути (fut.-ну,-неш)	to look down, to see
згори́	from above, in advance
здава́тися (здаю́ся,здає́шся)	to appear, to seem
здобу́ти (fut. -у́ду,-у́деш)	to capture
здоро́вий (-ва,-ве)	healthy, fit
здорови́ти (-влю,-виш)	to greet
здо́рово	well
здоро́в'я (-в'я) N	health
здрижа́ти (fut. -жу́,-жи́ш)	to tremble
Зеле́на Украї́на F	"The Green Ukraine" (Ukr. colony on the Amur river in Asia)
зеле́ний (-на,-не)	green

зелені́ти (-і́ю,-і́єш)	to grow green
зе́лень (-ні)F	verdure
Зем Банк (-у) М	Agricultural Bank
земля́ (-лі́)F	earth, soil
зе́мний (-на,-не)	earthly, terrestrial
зерно́ (-на́) N	grain, seed
зима́ (-ми́)F	winter
зи́мно	cold (adv)
зігну́тися (fut. -ну́ся,-не́шся)	to bend
зійти́ (fut. -йду́,-йдеш)	to come down, to rise
зір (зо́ру) М	vision, eyesight
зірва́тися (fut. -ву́ся,-ве́шся)	to start up
зі́ронька (-ки) F	starlet
зле	badly
злива́тися (-а́юся,-а́єшся)	to interflow
злий (зла,зле)	bad, evil
злоді́й (-ія)М	thief
змарні́лий (-ла,-ле)	haggard, worn
змі́нений (-на,-не)	changed, altered
знайо́мий (-ма,-ме)	acquaintance, friend
знайти́ (fut.-йду́,-йдеш)	to find
знання́ (-ня́)N	knowledge
знаря́ддя (-дя) N	tools
зна́ти (зна́ю, зна́єш)	to know
зна́чить	that is, it means
значо́к (-чка́) М (dim)	disc, mark
знести́ (fut. -су́,-се́ш)	to lay (eggs), to carry down
зни́щення (-ня) N	destruction
зни́щити (fut.-щу,-щиш)	to ruin, to destroy
зніче́в'я	suddenly
зноси́ти (зношу́, зно́сиш)	to bear, to tolerate
зо	with
зогни́ти (fut.-ию́,-иєш)	to rot completely
зокре́ма	especially, separately
золоти́й (-та́,-те́)	golden
зо́лото (-та) N	gold
золо́чений (-на,-не)	gilded
зра́зу	at once
зре́штою	apart from that, besides
зроби́ти (fut.-блю́,-биш)	to make ready, to produce
зроди́тися (fut.-джу́ся,-дишся)	to be born
зуб (-а) М	tooth
зустріча́ти (-а́ю,-а́єш)	to meet

Й

й = і	and
йому́ (dat)	(to) him
Йорда́н (-у)М	Jordan, Epiphany

І

і	and
Іва́н (-а)	Ivan
іду́чи	going, walking
із	from
і́зза	(from) behind
ік	to

імла́ (-ли́)F	mist	
ім'я́ (-мени) N	name	
іна́кше	otherwise, differently	
і́ноді	sometimes	
і́нший (-ша,-ше)	other, another	
і́скри́тися (-рю́ся,-ри́шся)	to sparkle	
і́спит (-у)M	examination	

їду́нка (-ки) F	messtin
ї́жа (-жі)F	food
ї́сти (їм, їси́)	to eat

к = ік	to
ка́ва (-ви)F	coffee
Кавка́з (-у)M	Caucasus
каза́ти (кажу́, ка́жеш)	to tell
кайда́ни (-нів) PL	chains
калама́р (-ря́) M	inkpot
камізе́лька (-ки)F	vest, waistcoat
кам'яни́й (-на́,-не́)	stone
Кана́да (-ди) F	Canada
капелю́х (-а́) M	hat
капелю́шник (-а)M	hatter
капустя́ник (-а) M	cabbage pie
ка́ра (-ри)F	punishment
ка́рта на мі́сце F	seat ticket
ка́рта страв F	menu
карти́на (-ни) F	picture
картоте́ка (-ки)F	card-index

159

істо́рик (-а) M	historian
істори́чний (-на,-не)	historical
істо́рія (-ії)F	history
Ісу́с (-а)	Jesus
італі́йський (-ка,-ке)	Italian
іти́ (іду́, іде́ш)	to go

Ї

ї́хати (ї́ду, ї́деш)	to travel to ride
ї́хній (-ня,-нє)	their(s)

К

ка́са (-си) F	box office
ка́са хо́рих F	health insurance
квадрато́вий (-ва,-ве)	square (adj)
квилі́ння (-ня)N	wailing, whimpering
кві́тень (-тня) M	April
кві́тка (-ки) F	flower
кермува́ти (-у́ю,-у́єш)	to drive (a car) to steer
ки́дати (-аю,-аєш)	to throw
Ки́їв (Ки́єва) M	Kiev
Ки́ївщина (-ни) F	Kiev province
кили́м (-а)M	carpet, rug
ки́нути (fut.-ну,-неш)	to throw
ки́снути (-ну,-неш)	to turn sour, to ferment
Кита́й (-ю) M	China
кия́нин (-а) M	inhabitant of Kiev
кілогра́м (-а) M	kilo
кі́лька	some, several

кількадеся́ть	some tens (30-90)	коза́ (-зи́) F	she goat
кільканáдцять	some teens (13-19)	коза́к (-а́) M	cossack
кількасо́т	several hundred	коза́цький (-ка,-ке)	cossack (adj)
кі́лькість (-кости) F	quantity, amount	ко́лесо (-са) N	wheel, bicycle
кімна́та (-ти) F	room	коли́	when
кіне́ць (-нця) M	end	коли́ то	when exactly
кіноте́атр (-у) M	cinema	ко́ло	about, at
кінь (коня́) M	horse	коло́ти (колю́, ко́леш)	to prick
кі́стка (-ки) F	bone	колю́чка (-ки) F	thorn
кість (ко́сти) F	bone	ко́льор (-у) M	color
кіт (кота́) M	cat	кома́р (-а́) M	mosquito, fly
кі́тка (-ки) F	cat (fem)	кома́ха (-хи) F	insect, fly
кіш (коша́) M	basket, deckchair	ко́мпот (-у) M	stewed fruit
кла́сти (кладу́, кладе́ш)	to put, to lay	комуніка́т (-у) M	communique, report
клей (-ю) M	glue, gum	конференці́йна за́ля F	staff room, conference hall
кло́ччя (-чя) N	floccule, wool fibers	копа́лина (-ни) F	mine
клубо́читися (-чуся,-чишся)	to gather into a ball, to billow	копа́ти (-а́ю,-а́єш)	to dig, to mine
кля́са (-си) F	class, classroom	копи́читися (-чуся,-чишся)	to heap upon
кни́жка (-ки) F	book	коре́кта (-ти) F	proofs, correction
княги́ня (-ні) F	princess	коридо́р (-а) M	corridor
коби́ла (-ли) F	mare	кори́сний (-на,-не)	useful, valuable
кобза́ (-зи́) F	kobza (Ukr. instrument)	корі́нець (-нця) M	little root, spice
кобза́р (-аря́) M	kobza-player, kobzar	корі́ння (-ня) N	roots
ковалі́в (-ле́ва,-ле́ве)	blacksmith's	ко́рінь (-реня) M	root
кова́ль (-ля́) M	blacksmith	коро́ва (-ви) F	cow
кого́	whose, whom	коро́ткий (-ка,-ке)	short
ко́жен = ко́жний	every	коса́ (-си́) F	braid, scythe
ко́жний (-на,-не)	every	ко́тик (-а) M	kitten
кожу́х (-а́) M	furcoat	котри́й (-ра́,-ре́)	which one

котю́га (-ги) M	big cat	крім	apart from, besides
коха́ння (-ня) N	love	кріпи́тися (-плю́ся,-пишся)	to gather strength
ко́шик (-а) M	basket	крі́сло (-ла) N	chair
коштува́ти (-у́ю,-у́єш)	to cost, to taste	кров (-ви) F	blood
крава́тка (-ки) F	tie	крок (-у) M	footstep, step
краве́ць (-вця) M	tailor	кру́гло	approximately
кра́діж (-дежі) F	theft	круго́м	around
край (-а́ю) M	edge, land, country, border	кру́ча (-чі) F	craggy bank, cliff
крам (-у) M	merchandise, junk	кру́чений (-на,-не)	curly
кра́пля (-лі) F	drop	куди́	where to
краса́ (-си́) F	beauty	кудо́ю	which way
кра́сний (-на,-не)	beautiful	кум (-а́) M	godfather, fellow
красува́тися (-у́юся,-у́єшся)	to show off, to shine in beauty	ку́па (-пи) F	heap, crowd
кра́ще	better	купа́ти (-а́ю,-а́єш)	to bathe
кра́ятися (-юся,-єшся)	to cut oneself	купеле́вий костю́м M	bathing suit
кре́йда (-ди) F	chalk	купеле́вий о́дяг M	bathing suit
крем (-у) M	cream	купеле́вий хала́т M	beach gown
Кремечу́к (-а́) M	Kremenchuk	купеле́ві ви́ступці PL	beach sandals
кри́вда (-ди) F	injustice, wrong	купеле́ві панто́флі PL	beach sandals
Криви́й Ріг M	Krivy Rih	ку́піль (-пелі) F	bath, bathing
криви́тися (-влю́ся,-вишся)	to curve oneself	купува́ти (-у́ю,-у́єш)	to buy
крик (-у) M	outcry, shriek, scream	куре́ць (-рця́) M	smoker
крила́тий (-та,-те)	winged	ку́рка (-ки) F	hen
Крим (-у) M	Crimea	курча́ (-а́ти) N	chicken, pullet
крини́ця (-ці) F	(water) well	куто́чок (-чка) M	little corner, nook
крини́ченька (-ки) F (dim)	(water) well	ку́хар (-я) M	cook
крича́ти (-чу́,-чи́ш)	to shout, to yell	ку́хня (-ні) F	kitchen
крізь	through	кучеря́вий (-ва,-ве)	curly, wavy
крі́лик (-а) M	rabbit	кучугу́ра (-ри) F	snowdrift

161

Л

ла́вка (-ки)F	desk, bench	лихи́й (-ха́,-хе́)	bad, evil, angry
ла́гідний (-на,-не)	soft, gentle	лихолі́ття (-тя)N	hard times
лама́ти (-ма́ю,-ма́єш)	to break	лице́ (-ця)N	face
лан (-у́) M	field	лиш	only
ла́ска (-ки)F	favor	ліви́ця (-ці) F	left hand
ласка́вий (-ва,-ве)	kind, mild	лід (льо́ду) M	ice
лахмі́ття (-тя)N	rags, tatters	лі́жко (-ка) N	bed
ла́яти (ла́ю, ла́єш)	to scold, to abuse	лі́зти (-зу,-зеш)	to crawl, to creep
лев (ле́ва) M	lion	лі́кар (-ря)M	doctor, physician
левеня́ (-я́ти) N	lion whelp	лікува́ти (-ку́ю,-ку́єш)	to cure
леге́нький (-ка,-ке)	very light	лім (ло́му)M	quarry
легки́й (-ка́,-ке́)	light, easy	лі́рник (-а) M	lyreman, lyrist
ле́гко	lightly, easily	ліс (-а) M	forest, wood
лежа́ти (лежу́,лежи́ш)	to lie down, to be on	літа́ (літ) PL	years
ле́кція (-ії) F	lesson	літа́к (-а́)M	airplane
Ле́ся (-сі) F	Lesya	літа́ти (-а́ю,-а́єш)	to fly
леті́ти (лечу́, лети́ш)	to fly	літерату́ра (-ри)F	literature
ли́мар (-я)M	saddler	літерату́рний (-на,-не)	literary
ли́нути (-ну,-неш)	to float	лі́тній (-ня,-нє)	summer(adj) summery
ли́пень (-пня) M	July	лі́то (-та) N	summer
лис (-а) M	fox	лі́том вліті	in summer
лисиня́ (-я́ти) N	young fox	лі́тра (-ри) F	litre
лиси́ця (-ці)F	vixen	лля́тися (лллю́ся,лллє́шся)	to pour, to flow
лист (-а́) M	letter	лове́ць (-вця́) M	hunter
листоно́ш (-а)M	postman	лови́ти (ловлю́, ло́виш)	to catch
листопа́д (-у) M	November	ло́жечка (-ки)F	teaspoon
ли́стя (-тя)N	foliage	ло́жка (-ки)F	spoon
лися́ (-я́ти) N	young fox	лоза́ (-зи́)F	osier, reed

Лóндон (-у)м	London	людúна (-ни)F	man, human being
лондóнець (-нця)М	Londoner	лю́дність (-ности)F	population
лопáтка (-ки)F	shovel	лю́дський (-ка,-ке)	human
лошáтко (-ка) N	foal, colt	лю́тень (-тня)М	February
луг (-у)м	thicket	лю́тий (-та,-те)	angry, severe
Лю́ба (-би)F	Luba	лялька (-ки)F	doll
любúй (-ба,-бе)	dear, darling	львúця (-ці) F	lioness
любúти (-блю́,-биш)	to love	Львів (Львóва)М	Lviw
лю́бо	pleasantly	львíвський (-ка,-ке)	Lviw's
любóв (-и) F	love	львов'я́нин (-а)М	inhabitant of Lviw

М

май (-ю)М	May	мáпа (-пи)F	map
майдáн (-у) М	square, boulevard, place	мáрево (-ва)N	apparition, nightmare
мáйже	almost	Марú(су)ня (-ні)F(dim)	Marusya
Малáнка (-ки)F	Melania, New Year's Eve	Марíйця (-ці)F(dim)	Mary
малéнький (-ка,-ке)	very little	март (-á)М	March
малúй (-лá,-лé)	little, small	Марýся (-сі)F(dim)	Marusya
мáло	little, a little	масть (-ті)F	ointment
мáлпа (-пи) F	monkey	Матвíїв (-ієва)	Matviev, Matthew's
малпеня́ (-я́ти)N(dim)	little monkey	математúка (-ки)F	mathematics
мамýся (-сі) F (dim)	mother	матéрія (-ії)F	material, cloth
мáмця (-ці) F(dim)	mother	мáти (-тері) F	mother
манастúр (-иря́)М	monastery	мáти (мáю, мáєш)	to have
мангáн (-у) М	manganese ore	мáтися (мáюся, мáєшся)	to fare
мангáновий (-ва,-ве)	manganese	машúна (-ни) F	machine
мандрóваний (-на,-не)	nomadic	мед (-у) М	honey
манíвці (-ців) PL	by-paths, drift, aberration	медицúна (-ни)F	medicine
манікю́р (-у) М	manicure	мéжи	between
Мáня (-ні) F	Manya	Мелітóпіль (-поля)М	Melitopil

мелітопільський (-ка,-ке)	Melitopil's	місяць (-сяця)М	month, moon
мені (dat)	(to) me	міський (-ка́,-ке́)	municipal
менше	less	міцний (-на́,-не́)	strong, firm
меню N	menu	мішо́к (-шка́)М	sack
ме́рти (мру, мреш)	to die	міщани́н (-а) М	townsman
мета́ (-ти́)F	goal, the winning post	млин (-а́) М	mill
мете́лик (-а)М	butterfly	мно́ження (-ня) N	multiplication
ме́тер (-тра)М	meter	мов	as if, like
ми	we	мо́ва (-ви) F	language
Микола́їв (-єва) М	Mykolaiev	мо́вити (-влю,-виш)	to speak
ми́лий (-ла,-ле)	nice, pleasant	мовча́нка (-ки) F	silence
ми́ля (-лі) F	mile	мовча́ти (-чу́,-чи́ш)	to be silent
мина́ти (-а́ю,-а́єш)	to pass	мо́вчки	silently
мину́лий (-ла,-ле)	past	моги́ла (-ли)F	tomb, mound, grave
мину́ти (fut. -ну́,-не́ш)	to pass	могти́ (мо́жу, мо́жеш)	to be able
мину́щий (-ща,-ще)	passing	могу́тній (-ня,-нє)	mighty
ми́ска (-ки) F	bowl	мо́же	perhaps
ми́ти (ми́ю, ми́єш)	to wash	мо́жна	it is possible
ми́тися (ми́юся, ми́єшся)	to wash oneself	мої́ (-ї́х) PL	my
Миха́йло (-ла)	Michael	мо́крий (-ра,-ре)	wet
між	between	моли́тися (-лю́ся,-лишся)	to pray
мій (-моя́, моє́)	my	молода́ (-о́ї)F	bride
мільйо́н (-а)М	million	молоде́ць (-дця́)М	youth, young fellow
мілья́рд (-а)М	milliard	молоди́й (-да́,-де́)	young
міну́та (-ти)F	minute	молоди́й (-о́го) М	bridegroom
мі́ра (-ри) F	measure, standard	молоко́ (-ка́)N	milk
мі́сто (-та) N	town	мо́лот (-а) М	hammer
місто́к (-тка́)М	little bridge	мо́ре (-ря) N	sea
мі́сце (-ця) N	place, spot	Мо́ринці (-ів) PL	Moryntsi

мороз (-у) M	frost
мо́рський (-ка́,-ке́)	maritime, of the sea
москаль (-ля) M	Muscovite, Russian
москвин (-а) M	Muscovite
мотоциклета (-ти) F	motorcycle
мох (-у) M	moss
мрія (-ії) F	dream, vision
мудрість (-рости) F	wisdom
музика (-ки) F	music
му́ка (-ки) F	suffering, pain
мука́ (-ки́) F	flour
мур (-ру) M	wall
мурувати (-ую,-уєш)	to build in brick
мусіти (мушу, мусиш)	to have to, to be obliged
муха (-хи) F	fly
мучити (-чу,-чиш)	to torture, to torment
муштра (-ри) F	drill parade
м'яко	softly
м'ясо (-са) N	meat, flesh
м'ячище (-ща) N	medecine ball

Н

на	on, in
на віки	for ever
на хвилинку	for a moment
наб(и)рати (-аю,-аєш)	to take on
навечер'я (-р'я) N	eve
наголос (-у) M	accent, stress
нагорода (-ди) F	prize
Нагуєвичі (-чів) PL	Nahuyevychi
над	on, over, above
надворі	out of doors, outside
надивитися (fut. -влюся,-вишся)	to see enough
надія (-ії) F	hope
надума (-ми) F	deliberation, consideration
нажаль	alas, it is a pity
назад	back, backwards
назва (-ви) F	name
називати (-аю,-аєш)	to name, to call
накладати (-аю,-аєш)	to put on
належатися (3-житься)	to be due, to owe
налити (fut. наллю, наллєш)	to pour in
наложити (fut. -жу,-жиш)	to put on
напад (-у) M	attack
нападати (-аю,-аєш)	to attack
напекти = пекти	to bake
написати (fut.-пишу,-пишеш)	to finish writing
напиток (-тка) M	drink
наплечник (-а) M	big pack, ruck sack
народ (-у) M	people, nation
народець (-дця) M	tribe
народитися (fut. -джуся,-дишся)	to be born
народній (-ня,-нє)	folk(adj), national
насамперед	first of all
населення (-ня) N	population
насип (-у) M	dam, embankment
насичений (-на,-не)	saturated, ripe
наслідок (-дка) M	result, consequence

наступа́ти (-а́ю,-а́єш)	to follow, to go into attack
натрапля́ти (-я́ю,-я́єш)	to encounter
науча́ти (-а́ю,-а́єш)	to instruct, to teach
нахиля́ти (-я́ю,-я́єш)	to bend
находи́тися (-джу́ся,-дишся)	to be in, to be present
на́чеб	as if
начіпля́ти (-я́ю,-я́єш)	to deck, to cover oneself with
наш (-на́ша, на́ше)	our
наши́йник (-а) M	dog's collar
на́що	why, wherefore
не	not
небеса́ (-бе́с) PL	heaven(s)
не́бо (-ба) N	heaven, sky
невже́	really, is it so?
него́да (-ди) F	bad weather
неда́вно	not long ago
недале́ко	not far
недале́чко	close by
неді́ля (-лі) F	Sunday
недо́бре	unwell, badly
недозво́лений (-на,-не)	not allowed
незгли́бний (-на,-не)	unfathomable, very deep
нема́(є)	there is not, there are not
немину́щий (-ща,-ще)	inevitable
немо́в	as if, like
немовля́тко (-ка) N	suckling, baby
нена́че	as if, like
неося́жний (-на,-не)	unattainable
непа́м'ять (-ті) F	oblivion, obscurity
непобо́рний (-на,-не)	invincible
неподі́льний (-на,-не)	indivisible
непра́вда (-ди) F	falsehood, lie
непра́вдивий (-ва,-ве)	false, untrue
нера́з	not once, many a time
несподі́ваний (-на,-не)	unexpected, surprising
несподі́ванка (-ки) F	surprise
нести́ (несу́, несе́ш)	to carry
не ті́льки	not only
неха́й	let
неща́сний (-на,-не)	unhappy, unfortunate
ни́ва (-ви) F	field
ни́вка (-ки) F	field
ни́жче	lower down
низьки́й (-ка́,-ке́)	low
ни́тка (-ки) F	thread, cotton
ни́шком	stealthily, secretly
ни́щити (-щу,-щиш)	to destroy
Ніко́піль (-поля) M	Nikopil
ні	no
ні - ні	neither - nor
ніде́	nowhere
ніж (ножа́) M	knife
ні́женька (-ки) F (dim)	leg, foot
німи́й (-ма́,-ме́)	dumb
німува́ти (-у́ю,-у́єш)	to become silent
ніс (но́са) M	nose
ніхто́ (-кого)	nobody, no one
ніч (но́чі) F	night

нічлі́г (-у) M	one night's lodging	но́жик (-а) M	little knife, penknife
нія́кий (-ка, -ке)	none, no kind of	носи́ти (-шу́, -сиш)	to carry
но́вий (-ва, -ве)	new	носи́тися (-шу́ся, -сишся)	to hover, to intend
Нови́й Рік M	New Year	носі́й (-ія́) M	porter
нови́на́ (-ни́) F	news	носорі́г (-ро́га) M	rhinoceros
нові́тній (-ня, -нє)	modern	нудьга́ (-ги́) F	weariness, boredom, ennui
нога́ (-ги́) F	foot, leg	ню́хати (-аю, -аєш)	to smell

О

о!	oh!	обхо́дити (-джу, -диш)	to walk round, to observe
оба́ (обі́)	both	овоче́вий (-ва, -ве)	fruitbearing, fruit (adj)
обвива́ть (-а́ю, -а́єш)	to wrap up, to embrace	о́гонь = во́гонь	fire
обдиви́тися (fut. -влю́ся, -вишся)	to look round	огоро́д (-у) M	garden
обере́жно	carefully	огріва́ти (-а́ю, -а́єш)	to warm up
оберну́тися (fut. -ну́ся, -нешся)	to turn round	Оде́са (-си) F	Odessa
оберта́ти (-а́ю, -а́єш)	to turn	оде́ський (-ка, -ке)	Odessa's
об'є́кт (-а) M	object	оди́н (одна́, одно́, -не́)	one
оби́два (оби́дві)	both	одина́дцятий (-та, -те)	eleventh
обі́д (-у) M	lunch	одина́дцять	eleven
обізва́тися (fut. -ву́ся, -ве́шся)	to speak, to answer	одино́кий (-ка, -ке)	lonely, unique, only
обійстя́ (-тя́) N	farmyard	одна́ковий (-ва, -ве)	the same
обіця́ти (-я́ю, -я́єш)	to promise	одноособо́вий (-ва, -ве)	single, for one person
обме́жуватися (-уюся, -уєшся)	to limit oneself	одпочи́ти (fut. одпочну́, одпочне́ш)	to rest
обмі́н (-у) M	exchange, barter	одскочи́ти (fut. -чу, -чиш)	to spring back
обов'я́зок (-зка) M	duty, obligation	о́дяг (-у) M	clothes, clothing
оборі́г (-ро́га) M	haystack	одяга́тися (-а́юся, -а́єшся)	to dress oneself, to get dressed
о́браз (-а) M	picture	о́клад (-у) M	compress, poultice
обслі́дувати (-ую, -уєш)	to examine (medically)	о́ко (о́ка) N	eye
обслу́га (-ги) F	service	око́лиця (-ці) F	neighborhood, district
обтира́тися (-а́юся, -а́єшся)	to dry oneself	о́коло	about

окре́мий (-ма,-ме)	separate	осі́нній (-ня,-нє)	fall, autumnal
окропи́ти (fut.-плю́,-пиш)	to drench, to sprinkle	о́сінь (-сени)F	fall
окру́га (-ги)F	district	осьміхну́тися (fut. -ну́ся,-не́шся)	to smile
оксами́т (-у) M	velvet	особо́вий (-ва,-ве)	passenger
олівець (-вця́)M	pencil	осо́ка (-ки)F	sedge, rush
ондуля́ція (-ії) F	perm wave	оста́нній (-ня,-нє)	last
опа́рений (-на,-не)	scalded	осяйни́й (-на́,-не́)	radiant, shining
оперува́ти (-у́ю,-у́єш)	to operate	ось	here
опи́сувати (-ую,-уєш)	to describe	о́сьде	just here
опісля́	then, later, afterwards	осьту́т	right here
оповіда́ння (-ня) N	tale, short story	Отта́ва (-ви)F	Ottawa
оповісти (fut. -і́м,-іси́)	to tell, to narrate	о́тже	then, well, so hence
ора́ти (-рю́,-реш)	to plow	отоді́	then
орда́ (-ди́)F	horde	ото́й	this one
ору́дка (-ки)F	small business	о́чі (оче́й) PL	eyes
освіжа́ти (-а́ю,-а́єш)	to refresh, to revive		

П

Павло́ (-ла́)	Paul	па́ні (-ні) F	lady
па́дати (-аю,-аєш)	to fall	па́нна (-ни)F	miss
пали́ти (-лю́,-лиш)	to burn	па́нство (-ва) N	Mr. & Mrs.
палі́й (-ія́)M	incendiary (n)	панува́ти (-у́ю,-у́єш)	to reign, to prevail, to control
палки́й (-ка́,-ке́)	fiery, passionate	папі́р (-пе́ру)M	paper
палю́чий (-ча,-че)	burning	па́ра (-ри) F	couple
па́льто (-та) N	overcoat	парасо́лька (-ки) F	umbrella
памфле́т (-у)M	pamphlet	парк (-у) M	park
па́м'ять (-ті)F	memory, remembrance	парокси́зм (-у)M	paroxysm
пан (-а) M	mister, gentleman	па́рубок (-бка) M	bachelor
Пана́с (-а)	Panas	па́сти (-су́,-се́ш)	to tend cattle
пани́ч (-а́)M	dandy	пахті́ти (па́хну, па́хнеш)	to be fragrant

пахýщий (-ща,-ще)	fragrant, scented	пéрстень (-сня) M	ring
пéвен = пéвний	sure, certain	пéршенствó (-вá) N	championship
пéвно	surely	пéрший (-ша,-ше)	first
педікю́р (-у) M	pedicure	пес (пса) M	dog
пéкар (-я) M	baker	пéсик (-а) M	puppy
пéкло (-ла) N	hell	песá (-я́ти) N	puppy
пектú (-чу́,-че́ш)	to bake	Петербу́рг (-а) M	Petersburg
перебіга́ти (-а́ю,-а́єш)	to run through	пече́ня (-ні) F	steak, roast meat
переверта́ти (-а́ю,-а́єш)	to turn upside down	пéчиво (-ва) N	bread, rolls
перегóни (-нів) PL	race(s)	пи́во (-ва) N	beer
пéред	before	пивова́р (-а) M	brewer
переді́л (-у) M	compartment	пила́ (-ли́) F	saw
передови́ця (-ці) F	leading article	пи́льник (-а) M	file
передучóра	the day before yesterday	пильнува́ти (-ну́ю,-ну́єш)	to guard
пережива́ти (-а́ю,-а́єш)	to live through, to experience	писа́ти (пишу́, пи́шеш)	to write
переї́хати (fut. -ї́ду,-ї́деш)	to run over	письме́нник (-а) M	writer
перейти́ (fut. -йду́,-йде́ш)	to go over	письме́нниця (-ці) F	woman writer
переле́тний (-на,-не)	migratory	письме́нство (-ва) N	literature
перелива́ти (-а́ю,-а́єш)	to pour again and again	питвó (-вá) N	drink
перелива́тися (-а́юся,-а́єшся)	to overflow	пи́ти (п'ю, п'єш)	to drink
перепеля́чий (-ча,-че)	quail's	пиша́тися (-а́юся,-а́єшся)	to be proud of
переписа́ти (fut. -пишу́,-пи́шеш)	to finish copying	пи́шний (-на,-не)	magnificent
переписува́ти (-ую,-уєш)	to copy	пів	half, one half
переплéтник (-а) M	bookbinder	південно-схі́дній (-ня,-нє)	south--easterly
перерива́ти (-а́ю,-а́єш)	to interrupt	пі́вень (-вня) M	cockerel
переcіда́ти (-а́ю,-а́єш)	to change trains	півóсьма́	seven and a half
перескáкувати (-ую,-уєш)	to jump over	півтора́	one and a half
перíод (-у) M	period	півтретя	two and a half
перó (-рá) N	pen	півчверта	three and a half

піґулка (-ки) F	pill	плуг (-а) М	plow
під	under	плуґатар (-ря) М	plowman
підвестися (fut.-едуся,-едешся)	to get up	плюнути (fut.-ну,-неш)	to spit
підгорячковий стан М	semi-feverish condition	пляж (-у) М	beach
підпасти (fut.-аду,-адеш)	to get under, to fall victim	пляжовий (-ва,-ве)	beach (adj)
підозрілий (-ла,-ле)	suspicious	плямочка (-ки) F	spot, speck
пізнати (fut.-аю,-аєш)	to recognize	пляшка (-ки) F	bottle
пізній (-ня,-нє)	late (adj)	по	after, by, in, according to
пізно	late (adv)	побіч	beside, besides
пірвати (fut.-ву,-веш)	to tear	поважання (-ня) N	esteem, regard(s)
пісковий (-ва,-ве)	sand (adj) sandy	повен = повний	full
після	after, afterwards	поверх (-у) М	floor, storey
післязавтра	the day after tomorrow	повинен (-нна,-нне)	bound, obliged, due
пісний (-на,-не)	meatless, fast (day)	повиростати (fut.-аю,-аєш)	to grow up
пісня (-ні) F	song	повідомити (fut.-млю,-миш)	to inform
пісок (-ску) М	sand	повік	for ever
піст (посту) М	fast	повільний (-на,-не)	slow
піт (поту) М	sweat	повістяр (-ря) М	novelist
піти (fut.-ду,-деш)	to go	повість (-істи) F	novel
піч (печі) F	oven, stove	повітря (-ря) N	air
плавання (-ня) N	swimming	повний (-на,-не)	full
плазун (-а) М	reptile	погідний (-на,-не)	fair, fine, calm
плакати (-чу,-чеш)	to weep, to cry	погляд (-у) М	vision, glance, opinion, look
платити (-чу,-тиш)	to pay	поглянути (fut.-ну,-неш)	to look, to glance
плече (-ча) N	shoulder	погнати (fut. пожену, поженеш)	to drive, to chase
пливти (пливу, пливеш)	to flow, to swim	погнути (fut.-гну,-гнеш)	to bend
плід (плоду) М	produce, fruit	погода (-ди) F	weather
плодовитість (-тости) F	fertility	поголоска (-ки) F	rumour
плоскінь (-іні) F	hemp	подавати (-даю,-даєш)	to pass, to give

податися (fut. -амся,-ашся)	to leave for
подвір'я (-р'я) N	yard
подихати (-аю,-аєш)	to breathe
подібно	similarly
Поділля (-ля) N	Podilla
поділятися (-яюся,-аєшся)	to be divided
подорож (-жі) F	trip, travel
подражнення (-ня) N	irritation
поет (-а) M	poet
пожива (-ви) F	food, nourishment
поза	behind, beyond
поздоровлення (-ня) N	greeting
позичити (fut.-ичу,-ичиш)	to lend, to borrow
поїзд (-у) M	train
поїхати (fut.-їду,-їдеш)	to drive (go) away
показати (fut. -кажу,-кажеш)	to show
показатися (fut. -кажуся,-кажешся)	to turn out
показник (-а) M	index
покидати (-аю,-аєш)	to leave
покинути (fut.-ну,-неш)	to leave
покищо	as yet, for the time being
поклад (-у) M	layer, seam
покласти (fut. -кладу,-кладеш)	to put, to lay
покоївка (-ки) F	chambermaid
покутувати (-ую,-уєш)	to expiate, to do penance
полагодити (fut.-джу,-диш)	to settle, to conclude
поле (-ля) N	field
полетіти (fut.-ечу,-етиш)	to fly
полинути (fut-ну,-неш)	to soar, to fly
половина (-ни) F	one half
положитися (fut. -жуся,-жишся)	to lie down
полотно (-на) N	linen
Полтава (-ви) F	Poltava
полудне (-ня) N	midday, south
полумисок (-ска) M	big dish, platter
помарніти (fut. -ію,-ієш)	to shrink, to grow thin
померти (fut.-мру,-мреш)	to die
поміж = між	between
пом'янути (fut.-ну,-неш)	to remember
понад	over, above
понеділок (-лка) M	Monday
понести (fut. -несу,-несеш)	to carry
попід	under
пополудні	in the afternoon
поправити (fut.-влю,-виш)	to correct
пора (-ри) F	time period, season
порада (-ди) F	advice
порадити (fut.-джу,-диш)	to advise
порвати (fut. -рву,-рвеш)	to tear up
порожній (-ня,-нє)	empty
порохно (-на) N	mold
поручено	registered
поручити (fut.-чу,-чиш)	to recommend, to register (letters)
порядок (-дку) M	order
посилати (-аю,-аєш)	to send
послугач (-а) M	bellboy, waiter
поспішати (-аю,-аєш)	to hasten, to hurry
поставлений (-на,-не)	placed, put

постели́ти (fut.-те́лю,-те́лиш)	to make a bed	привіта́ти (-а́ю,-а́єш)	to greet
поступа́ти (-а́ю,-а́єш)	to go forward, to behave	приго́да (-ди)F	adventure
потапа́ти (-а́ю,-а́єш)	to sink	прийма́ти (fut.-йму́,-йме́ш)	to receive
потік (-то́ку)M	brook, stream	прийти́ (fut.-йду́,-йде́ш)	to come
по той бік	that side of	при́казка (-ки)F	proverb, saying
потойбіч	that side of	при́крий (-ра,-ре)	disagreeable, unpleasant
потруди́тися (fut. -джу́ся,-дишся)	to make the effort, to take trouble	прикри́тися (-рюся,-ришся)	to become boring
по́тяг (-у)M	train	приноси́ти (-шу,-сиш)	to bring
по-украї́нськи	(in) Ukrainian	припада́ти (-а́ю,-а́єш)	to cover, to appeal
похвала́ (-ли)F	praise	припо́відка (-ки)F	proverb
похова́ти (-а́ю,-а́єш)	to bury	приро́да (-ди)F	nature
похо́дження (-ня)N	origin	прислу́га (-ги)F	favor, service
по цей бік	this side of	пристава́ти (-а́ю,-а́єш)	to fit, to join, to associate with
поцейбіч	this side of	прито́чувати (-ую,-уєш)	to cite, to quote
поцілува́ти (fut.-у́ю,-у́єш)	to kiss	прихи́льний (-на,-не)	favorable
почервоні́ти (fut.-і́ю,-і́єш)	to redden, to blush	прихи́льно	favorably
почина́тися (-а́юся,-а́єшся)	to begin	прихо́дити (-джу,-диш)	to come, to arrive
почорні́ти (fut.-і́ю,-і́єш)	to blacken	прия́зний (-на,-не)	friendly
почу́ти (fut.-у́ю,-у́єш)	to hear	прі́звище (-ща) N	surname
по́шта (-ти) F	mail, post	про	about, of
по́яс (-а)M	belt, waist	прова́дити (-джу,-диш)	to lead
прави́ця (-ці)F	right hand	про́весна (-ни)F	early spring
працюва́ти (-ю́ю,-ю́єш)	to work	про́від (-воду)M	leadership
пра́ця (-ці)F	work, job	прово́дити (-джу,-диш)	to spend, to pass
пре́док (-дка) M	ancestor	прогуді́ти (fut.-джу́,-ди́ш)	to pass
прем'є́ра (-ри)F	first night	прогуля́нка (-ки)F	stroll, walk
при	at, by, near	прожи́ти (fut.-живу́,-живе́ш)	to live through, to experience
приватно	privately	прозі́рний (-на,-не)	transparent
приві́т (-у)M	greeting(s)	прозо́рий (-ра,-ре)	transparent

пройня́ти (fut. -йму́,-йме́ш)	to penetrate, to permeate	проща́тися (-а́юся,-а́єшся)	to bid farewell
пройти́ (fut. -йду́,-йде́ш)	to pass, to go by	псало́м (-лма́)M	psalm
проки́нутися (fut. -нуся,-нешся)	to awake, to wake up suddenly	птах (-а) M	bird
пролеті́ти (fut.-лечу́,-лети́ш)	to fly past, to fly over	пта́ха (-хи) F	bird
промину́ти (fut. -мину́,-ми́неш)	to pass	пта́шка (-ки) F	bird
пропада́ти (-а́ю,-а́єш)	to disappear, to vanish	пуска́ти (-а́ю,-а́єш)	to let, to set
проси́ти (прошу́, про́сиш)	to ask, to beg	пусти́й (-та́,-те́)	empty, vain
про́со (-са)N	millet	пусти́ти (fut. -щу́,-стиш)	to let go, to release
про́стий (-та,-те)	direct, simple, ordinary	пу́то (-та)N	fetters
прості́р (-то́ру)M	space	пюре́ N	puree
проте́	yet, inspite of	п'ятдеся́т	fifty
про́ти	against	п'я́теро	five
протига́з (-а)M	gasmask	п'я́тий (-та,-те)	fifth
про́тягом	during, throughout	п'я́тина (-ни)F	one fifth
профе́сор (-а)M	professor	п'ятна́дцятий (-та,-те)	fifteenth
проха́ти (-а́ю,-а́єш)	to ask, to implore	п'ятна́дцять	fifteen
про́хід (-ходу)M	walk, stroll	п'я́тниця (-ці)F	Friday
прохо́дити (-джу́,-диш)	to penetrate, to pass	п'ятсо́т	five hundred
проце́с (-у) M	process	п'ять	five
прочита́ти (fut.-а́ю,-а́єш)	to finish reading		

Р

ра́да (-ди)F	advice	раз (ра́зи́)	times
ра́дити (-джу,-диш)	to advise	ра́зом	together
радіоапара́т (-а)M	radio	раз-у-раз	again and again, time after time
радіоконце́рт (-у)M	radio concert	рай (ра́ю)M	paradise
радіоте́хнік (-а) M	radio mechanic	рак (-а)M	crab, cancer
ра́дість (-дости) F	joy	ра́м'я (-мени)N	arm, shoulder
раді́ти (-і́ю,-і́єш)	to rejoice, to be glad	ра́нній (-ня,-нє)	early, early morning(adj)
ра́до	gladly	ра́но	early(adv)

ра́нок (-нку) M	morning	рове́сник (-а) M	contemporary, of the same age
раюва́ння (-ня) N	life in paradise, good life	роди́на (-ни) F	family
реві́ти (-ву́,-ве́ш)	to roar	родо́вище (-ща) N	main seams, stratum
ревну́ти (fut.-ну,-не́ш)	to roar	ро́жа (-жі) F	rose
реда́ктор (-а) M	editor	роже́вий (-ва,-ве)	pink
реда́кція (-ії) F	editor's office	розбиша́ка (-ки) M	robber
рекля́ма (-ми) F	advertisement, sign	розверну́тися (fut.-ну́ся,-не́шся) to unfold
ремесло́ (-ла́) N	trade, craft	розві́дувати (-ую,-уєш) to reconnoiter
ремі́сник (-а́) M	craftsman	розіпня́тися (fut. -ну́ся,-не́шся) to stretch out
рестора́н (-а) M	restaurant	розірва́тися (fut.-ву́ся,-ве́шся) to burst
реце́пта (-ти) F	prescription	розісла́ти (fut. -шлю́,-шле́ш) to spread, to send out
ре́чі (-че́й) PL	belongings, things, property	розки́дати (-аю,-аєш) to throw apart
ре́шта (-ти) F	remainder, the rest	розки́нути (fut.-ну,-неш) to spread, to scatter
ри́ба (-би) F	fish	ро́зкіш (-коші) F	joy, rapture
Рим (-у) M	Rome	розкі́шний (-на,-не) lovely, gorgeous
рича́ти (-чу́,-чи́ш)	to low	роли́тися (fut. -зіллю́ся,-зілле́шся) to overflow
рів (рова́) M	ditch	ро́змах (-у) M	zest, swing
ріг (ро́га́) M	horn, corner	розмо́ва (-ви) F	conversation
рі́дний (-на,-не)	native	розпізна́ти (fut.-а́ю,-а́єш) to recognize
Різдвя́ні святки́ PL	Christmas	розпоча́ти (fut. -чну́,-чне́ш) to begin
рі́зний (-на,-не)	different, various	розпусти́тися (fut. -у́щуся,-у́стишся) to sprout, to dissolve
різни́к (-а́) M	butcher	розто́плений (-на,-не) molten, melted
різнобарвний (-на,-не)	manycolored, gay	розто́плюватися (-ююся,-юється) to melt
рік (ро́ку) M	year	розумі́ти (-і́ю,-і́єш) to understand
річ (ре́чі) F	thing, matter	розши́рювати (-юю,-юєш) to widen, to extend
рі́чка (-ки) F	river	роса́ (-си́) F	dew
робо́та (-ти) F	work	росі́йський (-ка,-ке) Russian
роби́ти (-блю́,-биш)	to work, to make	Росі́я (-ії) F	Russia
робітни́к (-а́) M	worker	рости́ (-ту́,-те́ш) to grow

рот (-а) M	mouth	рух (-у) M	traffic, motion, movement
руда́ (-ди́) F	ore	ру́ханка (-ки) F	gymnastics
рука́ (-ки́) F	hand, arm	рушни́к (-а́) M	towel
Русь (-си or: -сі) F	Rus'	ряд (-у) M	row, file
ру́та (-ти) F	rue (bot)	рятунко́ве поготі́вля N	first aid post

С

сад (-у) M	orchard	свя́то (-та) N	holiday
садівни́к (-а́) M	fruitgrower, gardener	свяще́ник (-а) M	priest, clergyman
садовина́ (-ни́) F	fruit	себе́	self
садо́к (-дка́) M	little orchard	сей	this
садо́чок (-чка) M	little orchard	село́ (-ла́) N	village, country
сам (сама́, само́)	self, alone	селяни́н (-а) M	peasant, countryman
са́ме	just	се́рбин (-а) M	Serb
сват (-а) M	matchmaker	Сергі́й (-і́я)	Serge
сва́тання (-ня) N	matchmaking	сердне́нько (-ка) N	heart, darling
свекор (-а) M	father-in-law	се́ред	among
свекру́ха (-хи) F	mother-in-law	середа́ (-ди́) F	Wednesday
свисто́к (-тка́) M	whistle	середи́на (-ни) F	middle, center
сві́жий (-жа, -же)	fresh	сере́дній (-ня, -нє)	middle (adj), medium
свій (своя́, своє́)	own, one's own	се́рпень (-пня) M	August
світ (-у) M	world	се́рце (-ця) N	heart
світа́ти (-а́ю, -а́єш)	to dawn	сестра́ (-ри́) F	sister
світи́ти (свічу́, сві́тиш)	to shine	сиді́ти (-джу́, -ди́ш)	to sit
сві́тло (-ла) N	light	си́ла (-ли) F	power, strength
світови́й (-ва́, -ве́)	world (adj)	силува́ти (-ую, -уєш)	to force
світо-і́скрявий (-ва, -ве)	shining and sparkling	сильни́й (-на́, -не́)	strong, powerful
свобо́да (-ди) F	freedom	син (-а) M	son
святи́ти (-чу́, -тиш)	to bless, to consecrate	си́ній (-ня, -нє)	blue
святки́ (-то́к) PL	holidays	сідля́р (-яра́) M	saddler

сік (со́ку) M	juice	сла́бо	feebly
сіль (со́ли) F	salt	сла́ва (-ви) F	fame, glory
сім	seven	слід (-у) M	trace, mark
сімдеся́т	seventy	слідко́м	on the heels of
сімдеся́тий (-та,-те)	seventieth	слідо́к (-дка́) M	trace, track
сімна́дцятий (-та,-те)	seventeenth	сліпа́ кишка F	appendix
сімна́дцять	seventeen	сліпи́й (-па́,-пе́)	blind
сімсо́т	seven hundred	сліпи́ти (-плю́,-пиш)	to blind, to dazzle
сім'я́ (-м'ї́) F	family	словни́к (-а́) M	dictionary
сі́но (-на) N	hay	сло́во (-ва) N	word
сі́рий (-ра,-ре)	grey	слов'яни́н (-а) M	Slav
сі́сти (fut. ся́ду, ся́деш)	to sit down	слов'я́нський (-ка,-ке)	Slav
сі́чень (-чня) M	January	слон (-а) M	elephant
сія́ти (-я́ю,-я́єш)	to shine, to radiate	слоня́ (-я́ти) N	elephant calf
скака́ти (скачу́, ска́чеш)	to jump	слуга́ (-ги́) M	servant
скала́ (-ли́) F	rock, cliff	слуха́ч (-а́) M	listener
скверни́ти (-ню́,-ни́ш)	to defile, to slander	слю́сар (-я) M	locksmith
скита́льщина (-ни) F	life of a DP	сльоза́ (-зи́) F	tear
скі́льки	how much, how many	смачни́й (-на́,-не́)	tasty, appetising
скла́дений (-на,-не)	set	смерть (-ти) F	death
скля́нка (-ки) F	tumbler	смія́тися (-ю́ся,-є́шся)	to laugh
скляр (-а́) M	glazier	сніг (-у) M	snow
скона́ти (fut.-а́ю,-а́єш)	to die	снігови́й (-ва́,-ве́)	snow (adj) snowy
скорб (-у) M	grief, sorrow	сніжи́нка (-ки) F	snowflake
скорі́ш(е)	faster, quicker	собі́	self
ско́ро	quickly	Сове́тська Украї́на F	Soviet Ukraine
скоря́тися (-я́юся,-я́єшся)	to humble oneself	соки́ра (-ри) F	ax
скрізь	everywhere	со́кіл (-кола) M	falcon
слаби́й (-ба́,-бе́)	weak, feeble	солове́йко (-ка) M	nightingale

солодкий (-ка,-ке)	sweet	спортсменка (-ки)F	sportswoman
солом'яний (-на,-не)	straw (adj)	справа (-ви) F	matter, affair
сон (сну or: сна) M	dream, sleep	справді	really
сонний (-на,-не)	sleepy	спрага (-ги) F	thirst
сонце (-ця) N	sun	спрагнений (-на,-не)	thirsty
соняшний (-на,-не)	sunny	спробувати (fut. -ую,-уєш)	to try, to test, to taste
сопти (сопу, сопеш)	to snore, to pant	спроквола	very slowly
сорок	forty	спускати (-аю,-аєш)	to let down
сороковий (-ва,-ве)	fortieth	срібло (-ла)N	silver
сором (-у) M	shame	срібний (-на,-не)	silver (adj), silvery
сорочка (-ки)F	shirt	ставати (-аю,-аєш)	to become, to stand
сотий (-та,-те)	hundreth	ставок (-вка) M	pond
соціологічний (-на,-не)	sociological	Станиславів (-вова) M	Stanyslaviw
спати (сплю, спиш)	to sleep	старий (-ра,-ре)	old
спека (-ки) F	heatwave	старовина (-ни) F	old customs
спина (-ни) F	back	староста (-ти) M	master of wedding ceremonies
спитати (fut.-аю,-аєш)	to ask	стати (-аю,-аєш)	to become
спів (-у) M	song, singing	статися (-аюся,-аєшся)	to become, to happen
співак (-а) M	singer	стаття (-ті)F	article
співати (-аю,-аєш)	to sing	стерегти (-жу,-жеш)	to guard, to watch
співець (-вця)M	singer, poet	степ (-у) M	steppe
спідній (-ня,-нє)	lower	Степан (-а)	Stephen
спізнений (-на,-не)	late, overdue	степовий (-ва,-ве)	(of the) steppe
спіти (-ію,-ієш)	to ripen, to mature	стиха	quietly
сповиток (-тка) M	swaddling clothes	стіг (стога) M	haystack
сповнити (fut.-ню,-ниш)	to fulfill	стій!	halt!
сповнятися (-яюся,-яєшся)	to fulfill oneself	стіл (стола)M	table
спогадати (fut.-аю,-аєш)	to remember	сто	hundred
спокійний (-на,-не)	calm, quiet	стогнати (-ну,-неш)	to groan

столик (-а) M	stool	субота (-ти) F	Saturday
століття (-тя) N	century	суддя́ (-ді́) M	judge
сто́ляр (-а) M	carpenter	суди́тися	to be awarded
сторі́нка (-ки) F	page	су́ка (-ки) F	bitch
сторо́жа (-жі) F	guard	сукно́ (-на́) N	cloth
стоя́ти (стою́, стої́ш)	to stand	сум (-у) M	sorrow, grief
стра́ва (-ви) F	cooked food, course (food)	су́мно	sadly, it is sad
стравопи́с (-у) M	menu	су́нутися (-нуся, -нешся)	to approach impudently, to push on
страсни́й (-на́, -не́)	fatless, suffering	супрові́д (-воду) M	accompaniment, company
Страсна́ П'я́тниця F	Good Friday	сурду́т (-а) M	sport coat, jacket
Страсни́й Четве́р M	Maundy Thursday	сусі́да (-ди) or сусі́д (-а) M	neighbor
страсть (-ти) F	suffering, pain	сухи́й (-ха́, -хе́)	dry
страте́г (-а) M	strategist	суча́сний (-на, -не)	contemporary, modern
страши́ти (-шу́, -ши́ш)	to frighten	схе́ма (-ми) F	plan, layout, syllabus
страшни́й (-на, -не)	frightful	Схід (Схо́ду) M	East
стра́шно	afraid	схі́дній (-ня, -нє)	Eastern
стре́м'я (-мени) N	stirrup	сходи́ти (-джу́, -диш)	to rise (of the sun)
стріля́ти (-я́ю, -я́єш)	to shoot	схопи́тися (fut. -плюся, -пишся)	to jump up
стрі́ха (-хи) F	thatched roof	схоті́ти (fut. схо́чу, схо́чеш)	to long for
стрі́чка (-ки) F	ribbon, band	сюди́	here
струмо́к (-мка́) M	brook, rivulet	сюрча́ння (-ня) N	buzzing, chirping
стряса́ти (-а́ю, -а́єш)	to shake	ся	(self)
студе́нт (-а) M	student	Сян (-у) M	Sian
сту́дії (-ій) PL	studies	сього́дні	today
стукоті́ти (-чу́, -ти́ш)	to clatter	сього́днішній (-ня, -нє)	today's
		сьо́мий (-ма, -ме)	seventh

Т

та	and	табли́ця (-ці) F	(black)board
таба́ка (-ки) F	tobacco	таємний (-на, -не)	secret

таємничий (-ча,-че)	mysterious	теплота́ (-ти́)F	warmth
т.зв. (так зва́ний)	so-called	терито́рія (-ії)F	territory
тай	and	тере́н (-у)М	terrain, field
так	yes, so	терпі́ти (-плю́,-пиш)	to suffer
таки́	but, yet	те́рти (тру, треш)	to rub, to grate
таки́й (-ка́,-ке́)	such, the following	ти	you (thou)
тако́ж	also	ти́ждень (-жня)М	week
там	there	ти́мто	hence
тамто́й (-та́,-то́)	the other	тим ча́сом	in the meantime
тапе́тник (-а)М	upholsterer	тип (-у)М	type
Тара́с (-а)	Taras	ти́сяча (-чі)F	thousand
тарі́лка (-ки)F	plate, dish	ти́сячний (-на,-не)	thousandth
татарва́ (-ви́)F	Tartars	тисячолі́тній (-ня,-нє)	thousand-year old
тата́рський (-ка,-ке)	Tartar	тихе́нький (-ка,-ке)	very quiet
тварина́ (-ни́)F	animal, cattle	ти́хий (-ха,-хе)	quiet
тверди́й (-да́,-де́)	hard	ти́хо	quietly
твій (твоя́, твоє́)	your(s)	ти́шком	quietly
твір (тво́ру) М	work, literary work	ті́ло (-ла)N	body
твори́ти (-рю́,-риш)	friend, comrade	ті́льки	only
те	that	ті́лько = ті́льки	
теа́тр (-у)М	theatre	тінь (-ні)F	shadow, shade
теж	also	тісни́ти (-ню́,-ниш)	to throng
телефо́н (-а)М	telephone	тло (тла)N	background
теля́тко (-ка) N	calf	то	that, so
теля́чий (-ча,-че)	veal (adj)	тобі́	(to) you
те́мний (-на,-не)	dark	товари́ство (-ва)N	company, society
темно-си́ній (-ня,-нє)	dark blue	това́риш (-а) М	friend
тепе́р	now	товаро́вий (-ва,-ве)	goods- (adj)
те́плий (-ла,-ле)	warm	тоді́	then

той (та, те, то)	that	три	three
той сам	the same	тривáти (-áю,-áєш)	to last
том (-а or:-у)м	volume	тривкий (-кá,-кé)	lasting, durable, permanent
томи́ти (-млю́,-миш)	to tire	тривóжити (-óжу,-óжиш)	to frighten
томý	therefore	тридцятеро	thirty
тóму	ago	тридцять	thirty
томý що	as, because	тризýб (-а)м	trident
тóна (-ни)F	ton	тримáти (-áю,-áєш)	to hold, to keep
тонкий (-кá,-кé)	thin, slim	тринáдцятий (-та,-те)	thirteenth
тонýти (-нý,-неш)	to sink	тринáдцять	thirteen
тóрба (-би)F	bag, handbag	триособóвий (-ва,-ве)	for three persons
торг (-у)М	market, bargain	тристá	three hundred
торгíвля (-лі)F	trade, commerce, bargaining	тричí	three times
торт (-а)М	cake	трóє	three
тóчний (-на,-не)	punctual, exact	трóхи	a little
тóчно	on time, exactly	троя́нда (-ди)F	rose
травá (-ви́)F	grass	трýднощі (-ів)PL	difficulties
трáвень (-вня)М	May	туди́	this way
трави́ця (-ці)F	grass	тудóю	this way
трав'яний кóник М	grasshopper	тумáн (-у)М	mist, fog
трагíчний (-на,-не)	tragic	тут	here
традиція (-ії)F	tradition	тýтки	here
трéба	one needs	тýча (-чі)F	storm
тремтíти (-чý,-ти́ш)	to tremble	тяжкий (-кá,-кé)	heavy, difficult
третина (-ни)F	one third	тямýщий (-ща,-ще)	sensible, wise
трéтій (-тя,-тє)	third	тя́ти (тну, тнеш)	to cut

У

у в	in	уби́ти (fut. уб'ю́,уб'є́ш)	to kill

убо́гий (-га,-ге)	poor	уме́рти (fut. умру́, умре́ш)	to die
убрання́ (-ня́) N	dress, clothes	урожа́йний (-на,-не)	fertile
ува́га (-ги) F	attention	уря́д (-у) M	office, government
уве́сь (уся́, усе́)	whole, total	уря́дник (-а) M	clerk, office worker
уве́чері	in the evening	усміхну́тися (fut. -ну́ся,-не́шся)	to smile
увиха́тися (-а́юся,-а́єшся)	to move quickly about	устано́ва (-ви) F	institution
уда́р (-у) M	blow	утира́ти (-а́ю,-а́єш)	to wipe
уже́ = вже	already	учи́телів (-лева,-леве)	teacher's
Украї́на (-ни) F	the Ukraine	учи́тель (-ля) M	teacher
украї́нець (-нця) M	Ukrainian	учо́ра	yesterday
украї́нка (-ки) F	Ukrainian woman	у́хо (у́ха) N	ear
украї́нський (-ка,-ке)	Ukrainian	у́ші (уше́й) PL	ears
уку́тати (fut.-аю,-аєш)	to wrap up		

Ф

фа́брика (-ки) F	factory	фільмови́й (-ва́,-ве́)	film (adj)
факт (-у) M	fact	фіоле́тний (-на,-не)	violet
фа́рба (-би) F	color	форпо́ст (-у) M	advanced post
фе́рії (-ій) PL	holidays	францу́зький (-ка,-ке)	French
фільм (-а or -у) M	**film**	фризіє́р (-а) M	hairdresser, barber

Х

ха́та (-ти) F	house	хіба́	perhaps, really
хвили́на (-ни) F	moment	хід (хо́ду) M	step, walk, pace, motion
хвили́нка (-ки) F	brief moment	хли́нути (-ну,-неш)	to stream (down)
хви́ля (-лі) F	wave	хли́пати (-аю,-аєш)	to whimper, to sob
хвиля́стий (-та,-те)	wavy, undulating	хліб (-а) M	bread
хижа́к (-а́) M	beast of prey	хліборо́б (-а) M	farmer, peasant
хили́ти (хилю́, хи́лиш)	to bend down, to incline	хліборо́бський (-ка,-ке)	agricultural
хили́тися (-лю́ся,-лишся)	to bend down, to be inclined	хло́пець (-пця) M	boy
хистки́й (-ка́,-ке́)	shaky, unsteady	хлоп'я́ (-ти) N	little boy

хма́ра (-ри)F	cloud	християни́н (-а)М	Christian
хма́рочка (-ки)F	little cloud	християнський (-ка,-ке)	Christian
ходи́ти (-джу́,-диш)	to walk	Христо́с (-а)	Christ
холо́дний (-на,-не)	cool, cold	хри́щення (-ня)N	baptism
хо́рий (-ра,-ре)	ill, sick	хрущ (-а́) М	mayfly, beetle
хоро́брий (-ра,-ре)	brave, valiant	хто (кого́)	who
хору́жий (-жого)М	ensign, standard-bearer	хтобу́дь (когобу́дь)	anyone
хоті́ти (хо́чу, хо́чеш)	to wish, to desire	хтось (когось)	somebody
хоч	though, although	ху́стка (-ки) F	scarf
хоч би	if only	ху́сточка (-ки)F	handkerchief
хрест (-а́)М	cross		

Ц

цап (-а)М	he goat	ціка́вити (-влю,-виш)	to interest
цвісти́ (цвіту́, цвіте́ш)	to blossom, to bloom	ці́лий (-ла,-ле)	whole, total
цвіт (-у)М	flower	цілко́м	quite, fully, altogether
це	this	ціна́ (-ни́)F	price
цей (ця, це)	this	ці́нний (-на́,-не́)	valuable, precious
це́рква (-ви) F	church	ц.р. (цього́ ро́ку)	this year
цига́рка (-ки)F	cigarette	цу́кор (-кру) М	sugar
ци́ть(те) (imp)	be quiet	цьогорі́чний (-на,-не)	this year's
ціка́вий (-ва,-ве)	curious, interesting		

Ч

чай (ча́ю)М	tea	ча́стий (-та,-те)	frequent
чар (-у)М	charm, beauty	ча́шка (-ки) F	cup
чарівли́вий (-ва,-ве)	charming, enchanting	чверть (-ти) F	one quarter
ча́рка (-ки)F	wineglass	че́рвень (-вня)М	June
час (-у) М	time	черво́ний (-на,-не)	red
ча́сом	sometimes	червони́ло (-ла)N	red ink
часо́пис (-у)М	newspaper	че́рга (-ги)F	turn, sequence

черговий (-ва́,-ве́)	subsequent, next, following
черевик (-а) M	shoe
че́рез	through, across, because of
черепа́ха (-хи) F	turtle, tortoise
честь (-ти) F	honor
четве́р (-ерга́) M	Thursday
четве́ртий (-та,-те)	fourth
четверти́на (-ни) F	one fourth
чи	whether, if
чий	whose
чим	what with, whereby
чима́ло	quite a lot
число́ (-ла́) N	number
чи́стий (-та,-те)	clean, pure, clear
чи́стити (чи́щу, чи́стиш)	to clean
чита́ти (-а́ю,-а́єш)	to read
чіпля́тися (-я́юся,-я́єшся)	to cling to, to pester
чо́вен (-вна) M	boat
чого́	why, wherefore
чоло́ (-ла́) N	forehead
чому́	why
Чо́рне Мо́ре N	Black Sea
чо́рний (-на,-не)	black
чорни́ло (-ла) N	ink
чорно́зем (-у) M	black soil
чорт (-а) M	devil
чоти́ри	four
чоти́риста	four hundred
чотирна́дцятий (-та,-те)	fourteenth
чотирна́дцять	fourteen
чува́ти (-а́ю,-а́єш)	to be heard
чудни́й (-на́,-не́)	strange, marvellous
чужи́й (-жа́,-же́)	foreign, alien
чу́ти (чу́ю, чу́єш)	to hear
чуття́ (-тя́) N	feeling, emotion

Ш

шаблю́ка (-ки) F	big sabre
шанува́ти (-у́ю,-у́єш)	to esteem, to honor
ша́пка (-ки) F	cap
ша́та (-ти) F	robe
шатро́ (-тра́) N	tent
ша́фа (-фи) F	cupboard
швець (шевця́) M	shoemaker
швидки́й (-ка́,-ке́)	fast, quick, express
ше́лест (-у) M	rustle
ши́ло (-ла) N	awl
широ́кий (-ка,-ке)	wide
широкопо́лій (-ля,-ле)	rolling
ши́я (ши́ї) F	neck
шістдеся́т	sixty
шістна́дцятий (-та,-те)	sixteenth
шістна́дцять	sixteen
шістсо́т	six hundred
шість	six
шкі́льний (-на́,-не́)	school
шко́да (-ди) F	damage, pity

шкóдити (-джу,-диш)	to spoil, to impede	штанцí (-íв) PL	trunks, shorts
шкóла (-ли) F	school	штýка (-ки) F	trick, being
шлýнок (-нка) М	stomach	шукáти (-áю,-áєш)	to seek, to look for
шлюб (-у) М	wedding, marriage	шулíка (-ки) М	hawk
шлях (-у) М	way, road	шумíти (-млю,-миш)	to roar, to rustle
шовк (-у) М	silk	шумно широкий (-ка,-ке)	roaring
шóстий (-та,-те)	sixth	шумовиння (-ня) N	foam
шпáльта (-ти) F	column		

Щ

щáстя (-тя) N	good luck, fortune, happiness	щоб	in order to, so that
ще	more, also, yet	щодня́	every day
щéраз	once more	щóдо	as to, as regards
щи́рий (-ра,-ре)	sincere	щонéбудь	anything
щи́ро	sincerely	щорáз	ever, again and again
що	what, that	щось	something
що за	what kind of		

Ю

Югослáвія (-ії) F	Yugoslavia	Юркó (-ка́)	George
юнáк (-а) М	youth, young man		

Я

я	I	якби́	if (only)
я́вище (-ща) N	phenomenon, event	який (яка́, яке́)	what kind of, what
яйцé (-ця́) N	egg	якийсь (якáсь, якéсь)	some, certain
ягня́ (-я́ти) N	lamb	якось	somehow
я́года (-ди) F	berry	якщó	if, in case
язи́к (-а) М	tongue	я́сен = я́сний	
яє́шня (-ні) F	omelette	я́сний (-нá,-нé)	bright, clear, plain
як	how	я́сність (-ности) F	brightness, light
якслíд	properly	я́сно-жóвтий (-та,-те)	bright yellow

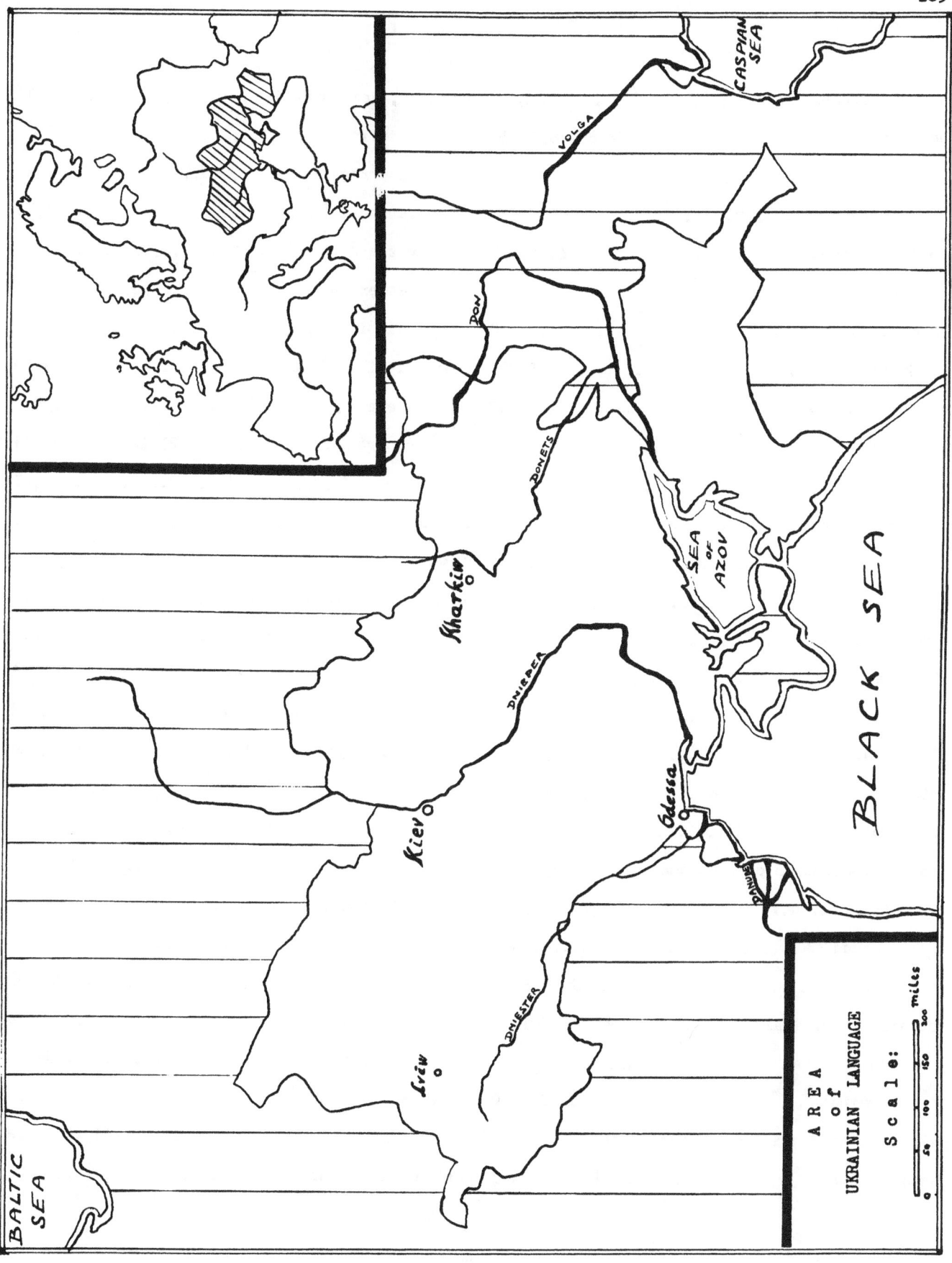

INDEX

accent (stress).................. 13,24,42,43
adjectives 17,58,68,78,79,80
    declension of 75
    degrees of comparison 71
adverbs, formation of 84,85,132
alphabet 6,7
apostrophe, use of 10
conjunctions 15,137
consonants, changes of 24,30
    elision of 55
fractions 108
gender, of adjectives 17
    of nouns 17
genetive, use of 28,30
grammar 11,12
interjections 134
i-sound change 21,22,23,53
locative, use of 37
missing e, o 28,53,78
negation 28
nouns, declension of (consonant)... 62,63,65,66
    (hard) 35,36,41,42,44,45,50,51
    (mixed) 60,61
    (soft) 52,53,55,57
numerals, cardinals 99,100,101,102
    collective 107,108
    ordinals 103,104
phonetic transcription of Ukrainian 8
prepositions 20,33,132,133,134

pronouns, demonstrative 92,93
    indefinite 96,97
    interrogative 96
    personal 69,83
    possessive 88,89
    reflexive 87,88
    relative 95
pronunciation of consonants 9,10
    vowels 8,9
sound changes 21,22,23,24,30,53
syllables 21
syntax 138
time 105
verbs, aspects, durative 112,113
    imperfective ... 116,117,118,128
    iterative 121,122
    perfective 116,117,118,128
    conjugation (first) 39,40,128
    (second) 47,48,68,69
    (third) 127
    gerund 123,124
    imperative mood 112,113
    infinitive 128
    participles 122,123
    passive voice 124
    reflexive 39,40
vocative, use of 37
vowels 8,9,21,22,23,28,53,78
weights and measures 109